心一堂術數古籍珍本叢刊

書名：批注地理辨正直解

系列：心一堂術數古籍珍本叢刊　第二輯　堪輿類　無常派玄空珍秘　197

作者：【清】蔣大鴻原著、【清】章仲山直解、【清】宋伯魯批注

主編、責任編輯：陳劍聰

心一堂術數古籍珍本叢刊編校小組：陳劍聰　素聞　梁松盛　鄒偉才　虛白盧主

出版：心一堂有限公司

地址/門市：香港九龍旺角西洋菜南街五號好望角大廈一○○三室

電話號碼：+852-6715-0840　+852-6633-7949

網址：publish.sunyata.cc

電郵：sunyatabook@gmail.com

網上書店：http://book.sunyata.cc

網上論壇：http://bbs.sunyata.cc/

版次：二零一七年九月初版

平裝

國際書號：ISBN 978-988-8317-78-3

定價：港幣　三百八十八元正
　　　新台幣　一千四百八十八元正

香港及海外發行：香港聯合書刊物流有限公司

地址：香港新界大埔汀麗路三十六號中華商務印刷大廈三樓

電話號碼：+852-2150-2100

傳真號碼：+852-2407-3062

電郵：info@suplogistics.com.hk

台灣發行：秀威資訊科技股份有限公司

地址：台灣台北市內湖區瑞光路七十六巷六十五號一樓

電話號碼：+886-2-2796-3638

傳真號碼：+886-2-2796-1377

網絡書店：www.bodbooks.com.tw

台灣讀者服務中心：國家書店

地址：台灣台北市中山區松江路二○九號一樓

電話號碼：+886-2-2518-0207

傳真號碼：+886-2-2518-0778

網絡書店：http://www.govbooks.com.tw/

中國大陸發行・零售：心一堂書店

深圳地址：中國深圳羅湖立新路六號東門博雅負一層零零八號

電話號碼：+86-755-8222-4934

北京地址：中國北京東城區雍和宮大街四十號

心一店淘寶網：http://sunyatacc.taobao.com

心一堂術數古籍 珍本 整理 叢刊 總序

術數定義

術數，大概可謂以「推算（推演）、預測人（個人、群體、國家等）、事、物、自然現象、時間、空間方位等規律及氣數，並或通過種種『方術』，從而達致趨吉避凶或某種特定目的」之知識體系和方法。

術數類別

我國術數的內容類別，歷代不盡相同，例如《漢書・藝文志》中載，漢代術數有六類：天文、曆譜、五行、蓍龜、雜占、形法。至清代《四庫全書》，術數類則有：數學、占候、相宅相墓、占卜、命書、相書、陰陽五行、雜技術等，其他如《後漢書・方術部》、《藝文類聚・方術部》、《太平御覽・方術部》等，對於術數的分類，皆有差異。古代多把天文、曆譜、及部分數學均歸入術數類，而民間流行亦視傳統醫學作為術數的一環；此外，有些術數與宗教中的方術亦往往難以分開。現代民間則常將各種術數歸納為五大類別：命、卜、相、醫、山，通稱「五術」。

本叢刊在《四庫全書》的分類基礎上，將術數分為九大類別：占筮、星命、相術、堪輿、選擇、三式、讖諱、理數（陰陽五行）、雜術（其他）。而未收天文、曆譜、算術、宗教方術、醫學。

術數思想與發展——從術到學，乃至合道

我國術數是由上古的占星、卜筮、形法等術發展下來的。其中卜筮之術，是歷經夏商周三代而通過「龜卜、蓍筮」得出卜（筮）辭的一種預測（吉凶成敗）術，之後歸納並結集成書，此即現傳之《易

經》。經過春秋戰國至秦漢之際，受到當時諸子百家的影響、儒家的推崇，遂有《易傳》等的出現，原本是卜筮術書的《易經》，被提升及解讀成有包涵「天地之道（理）」之學。因此，《易·繫辭傳》曰：「易與天地準，故能彌綸天地之道。」

漢代以後，易學中的陰陽學說，與五行、九宮、干支、氣運、災變、律曆、卦氣、讖緯、天人感應說等相結合，形成易學中象數系統。而其他原與《易經》本來沒有關係的術數，如占星、形法、選擇，亦漸漸以易理（象數學說）為依歸。《四庫全書·易類小序》云：「術數之興，多在秦漢以後。要其旨，不出乎陰陽五行，生尅制化。實皆《易》之支派，傅以雜說耳。」至此，術數可謂已由「術」發展成「學」。

及至宋代，術數理論與理學中的河圖洛書、太極圖、邵雍先天之學及皇極經世等學說給合，通過術數以演繹理學中「天地中有一太極，萬物中各有一太極」（《朱子語類》）的思想。術數理論不單已發展至十分成熟，而且也從其學理中衍生一些新的方法或理論，如《梅花易數》、《河洛理數》等。

在傳統上，術數功能往往不止於僅僅作為趨吉避凶的方術，及「能彌綸天地之道」的學問，亦有其「修心養性」的功能，「與道合一」（修道）的內涵。《素問·上古天真論》：「上古之人，其知道者，法於陰陽，和於術數。」數之意義，不單是外在的算數、歷數、氣數，而是與理學中同等的「道」、「理」--心性的功能，北宋理氣家邵雍對此多有發揮：「聖人之心，是亦數也」、「萬化萬事生乎心」、「心為太極」。《觀物外篇》：「先天之學，心法也。……蓋天地萬物之理，盡在其中矣，心一而不分，則能應萬物。」反過來說，宋代的術數理論，受到當時理學、佛道及宋易影響，認為心性本質上是等同天地之太極。天地萬物氣數規律，能通過內觀自心而有所感知，即是內心也已具備有術數的推演及預測、感知能力；相傳是邵雍所創之《梅花易數》，便是在這樣的背景下誕生。

《易·文言傳》已有「積善之家，必有餘慶；積不善之家，必有餘殃」之說，至漢代流行的災變說及讖緯說，我國數千年來都認為天災，異常天象（自然現象），皆與一國或一地的施政者失德有關；下

至家族、個人之盛衰，也都與一族一人之德行修養有關。因此，我國術數中除了吉凶盛衰理數之外，人心的德行修養，也是趨吉避凶的一個關鍵因素。

術數與宗教、修道

在這種思想之下，我國術數不單只是附屬於巫術或宗教行為的方術，又往往是一種宗教的修煉手段，通過術數，以知陰陽，乃至合陰陽（道）。「其知道者，法於陰陽，和於術數。」例如，「奇門遁甲」術中，即分為「術奇門」與「法奇門」兩大類。「法奇門」中有大量道教中符籙、手印、存想、內煉的內容，是道教內丹外法的一種重要外法修煉體系。甚至在雷法一系的修煉上，亦大量應用了術數內容。此外，相術、堪輿術中也有修煉望氣（氣的形狀、顏色）的方法；堪輿家除了選擇陰陽宅之吉凶外，也有道教中選擇適合修道環境（法、財、侶、地中的地）的方法，以至通過堪輿術觀察天地山川陰陽之氣，亦成為領悟陰陽金丹大道的一途。

易學體系以外的術數與的少數民族的術數

我國術數中，也有不用或不全用易理作為其理論依據的，如揚雄的《太玄》、司馬光的《潛虛》。也有一些占卜法、雜術不屬於《易經》系統，不過對後世影響較少而已。

外來宗教及少數民族中也有不少雖受漢文化影響（如陰陽、五行、二十八宿等學說。）但仍自成系統的術數，如古代的西夏、突厥、吐魯番等占卜及星占術，藏族中有多種藏傳佛教占卜術、苯教占卜術、擇吉術、推命術、相術等；北方少數民族有薩滿教占卜術；不少少數民族如水族、白族、布朗族、佤族、彝族、苗族等，皆有占雞（卦）草卜、雞蛋卜等術，納西族的占星術、占卜術，彝族畢摩的推命術、占卜術……等等，都是屬於《易經》體系以外的術數。相對上，外國傳入的術數以及其理論，對我國術數影響更大。

曆法、推步術與外來術數的影響

我國的術數與曆法的關係非常緊密。早期的術數中，很多是利用星宿或星宿組合的位置（如某星在某州或某宮某度）付予某種吉凶意義，并據之以推演，例如歲星（木星）、月將（某月太陽所躔之宮次）等。不過，由於不同的古代曆法推步的誤差及歲差的問題，若干年後，其術數所用之星辰的位置，已與真實星辰的位置不一樣了：此如歲星（木星），早期的曆法及術數以十二年為一周期（以應地支），與木星真實周期十一點八六年，每幾十年便錯一宮。後來術家又設一「太歲」的假想星體來解決，是歲星運行的相反，週期亦剛好是十二年。而術數中的神煞，很多即是根據太歲的位置而定。又如六壬術中的「月將」，原是立春節氣後太陽躔娵訾之次而稱作「登明亥將」，至宋代，因歲差的關係，要到雨水節氣後太陽才躔娵訾之次，當時沈括提出了修正，但明清時六壬術中「月將」仍然沿用宋代沈括修正的起法沒有再修正。

由於以真實星象周期的推步術是非常繁複，而且古代星象推步術本身亦有不少誤差，大多數術數除依曆書保留了太陽（節氣）、太陰（月相）的簡單宮次計算外，漸漸形成根據干支、日月等的各自起例，以起出其他具有不同含義的眾多假想星象及神煞系統。唐宋以後，我國絕大部分術數都主要沿用這一系統，也出現了不少完全脫離真實星象的術數，如《子平術》、《紫微斗數》、《鐵版神數》等。後來就連一些利用真實星辰位置的術數，如《七政四餘術》及選擇法中的《天星選擇》，也已與假想星象及神煞混合而使用了。

隨着古代外國曆（推步）、術數的傳入，如唐代傳入的印度曆法及術數，元代傳入的回回曆等，其中我國占星術便吸收了印度占星術中羅睺星、計都星等而形成四餘星，又通過阿拉伯占星術而吸收了其中來自希臘、巴比倫占星術的黃道十二宮、四大（四元素）學說（地、水、火、風），並與我國傳統的二十八宿、五行說、神煞系統並存而形成《七政四餘術》。此外，一些術數中的北斗星名，不用我國傳統的星名：天樞、天璇、天璣、天權、玉衡、開陽、搖光，而是使用來自印度梵文所譯的：貪狼、巨

門、祿存、文曲、廉貞、武曲、破軍等，此明顯是受到唐代從印度傳入的曆法及占星術所影響。如星命術中的《紫微斗數》及堪輿術中的《撼龍經》等文獻中，其星皆用印度譯名。及至清初《時憲曆》，置閏之法則改用西法「定氣」。清代以後的術數，又作過不少的調整。

此外，我國相術中的面相術、手相術，唐宋之際受印度相術影響頗大，至民國初年，又通過翻譯歐西、日本的相術書籍而大量吸收歐西相術的內容，形成了現代我國坊間流行的新式相術。

陰陽學——術數在古代、官方管理及外國的影響

術數在古代社會中一直扮演着一個非常重要的角色，影響層面不單只是某一階層、某一職業、某一年齡的人，而是上自帝王，下至普通百姓，從出生到死亡，不論是生活上的小事如洗髮、出行等，大事如建房、入伙、出兵等，從個人、家族以至國家，從天文、氣象、地理到人事、軍事，從民俗、學術到宗教，都離不開術數的應用。我國最晚在唐代開始，已把以上術數之學，稱作陰陽（學），行術數者稱陰陽人。（敦煌文書、斯四三二七唐《師師漫語話》：「以下說陰陽人謾語話」，此說法後來傳入日本，今日本人稱行術數者為「陰陽師」）。一直到了清末，欽天監中負責陰陽術數的官員中，以及民間術數之士，仍名陰陽生。

古代政府的中欽天監（司天監），除了負責天文、曆法、輿地之外，亦精通其他如星占、選擇、堪輿等術數，除在皇室人員及朝庭中應用外，也定期頒行日書、修定術數，使民間對於天文、日曆用事吉凶及使用其他術數時，有所依從。

我國古代政府對官方及民間陰陽學及陰陽官員，從其內容、人員的選拔、培訓、認證、考核、律法監管等，都有制度。至明清兩代，其制度更為完善、嚴格。

宋代官學之中，課程中已有陰陽學及其考試的內容。（宋徽宗崇寧三年〔一一零四年〕崇寧算學令：「諸學生習……並曆算、三式、天文書。」「諸試……三式即射覆及預占三日陰陽風雨。天文即預

定一月或一季分野災祥，並以依經備草合問為通。」

金代司天臺，從民間「草澤人」（即民間習術數人士）考試選拔：「其試之制，以《宣明曆》試推步，及《婚書》、《地理新書》試合婚、安葬，並《易》筮法，六壬課、三命、五星之術。」（《金史》卷五十一・志第三十二・選舉一）

元代為進一步加強官方陰陽學對民間的影響、管理、控制及培育，除沿襲宋代、金代在司天監掌管陰陽學及中央的官學陰陽學課程之外，更在地方上增設陰陽學教授員，培育及管轄地方陰陽人。（《元史・選舉志一》：「世祖至元二十八年夏六月始置諸路陰陽學。」）地方上也設陰陽學教授員，於路、府、州設教授員，凡陰陽人皆管轄之，而上屬於太史焉。」）自此，民間的陰陽術士（陰陽人），被納入官方的管轄之下。

至明清兩代，陰陽學制度更為完善。中央欽天監掌管陰陽學，明代地方縣設陰陽學正術，各州設陰陽學典術，各縣設陰陽學訓術。陰陽人從地方陰陽學肄業或被選拔出來後，再送到欽天監考試。（《大明會典》卷二二三：「凡天下府州縣舉到陰陽人堪任正術等官者，俱從吏部送（欽天監），考中，送回選用；不中者發回原籍為民，原保官吏治罪。」）清代大致沿用明制，凡陰陽術數之流，悉歸中央欽天監及地方陰陽官員管理、培訓、認證。至今尚有「紹興府陰陽印」、「東光縣陰陽學記」等明代銅印，及某某縣某某之清代陰陽執照等傳世。

清代欽天監漏刻科對官員要求甚為嚴格。《大清會典》「國子監」規定：「凡算學之教，設肄業生。滿洲十有二人，蒙古、漢軍各六人，於各旗官學內考取。漢十有二人，於舉人、貢監生童內考取。」學生在官學肄業、貢監生肄業或考得舉人後，經過了五年對天文、算法、陰陽學的學習，其中精通陰陽術數者，會送往漏刻科。而在欽天監供職的官員，《大清會典則例》「欽天監」規定：「本監官生三年考核一次，術業精通者，保題升用。不及者，停其升轉，再加學習。如能黽

勉供職，即予開復。仍不及者，降職一等，再令學習三年，能習熟者，准予開復，仍不能者，黜退。」

《大清律例·一七八·術七·妄言禍福》：「凡陰陽術士，不許於大小文武官員之家妄言禍福，違者杖一百。其依經推算星命卜課，不在禁限。」大小文武官員延請的陰陽術士，自然是以欽天監漏刻科官員或地方陰陽官員為主。

除定期考核以定其升用降職外，《大清律例》中對陰陽術士不準確的推斷（妄言禍福）是要治罪的。

官方陰陽學制度也影響鄰國如朝鮮、日本、越南等地，一直到了民國時期，鄰國仍然沿用著我國的多種術數。而我國的漢族術數，在古代甚至影響遍及西夏、突厥、吐蕃、阿拉伯、印度、東南亞諸國。

術數研究

術數在我國古代社會雖然影響深遠，「是傳統中國理念中的一門科學，從傳統的陰陽、五行、九宮、八卦、河圖、洛書等觀念作大自然的研究。……傳統中國的天文學、數學、煉丹術等，要到上世紀中葉始受世界學者肯定。可是，術數還未受到應得的注意。術數在傳統中國科技史、思想史、文化史、社會史，甚至軍事史都有一定的影響。……更進一步了解術數，我們將更能了解中國歷史的全貌。」（何丙郁《術數、天文與醫學中國科技史的新視野》，香港城市大學中國文化中心。）

可是術數至今一直不受正統學界所重視，加上術家藏秘自珍，又揚言天機不可洩漏，「（術數）乃吾國科學與哲學融貫而成一種學說，數千年來傳衍嬗變，或隱或現，全賴一二有心人為之繼續維繫，賴以不絕，其中確有學術上研究之價值，非徒癡人說夢，荒誕不經之謂也。其所以至今不能在科學中成立一種地位者，實有數因。蓋古代士大夫階級目醫卜星相為九流之學，多恥道之；而發明諸大師又故為恍迷離之辭，以待後人探索；間有一二賢者有所發明，亦秘莫如深，既恐譏為旁門左道，始終不肯公開研究，成立一有系統說明之書籍，貽之後世。故居今日而欲研究此種學術，實一極困難之事。」（民國徐樂吾《子平真詮評註》，方重審序）

現存的術數古籍，除極少數是唐、宋、元的版本外，絕大多數是明、清兩代的版本。其內容也主要是明、清兩代流行的術數，唐宋或以前的術數及其書籍，大部分均已失傳，只能從史料記載、出土文獻、敦煌遺書中稍窺一鱗半爪。

術數版本

坊間術數古籍版本，大多是晚清書坊之翻刻本及民國書賈之重排本，其中豕亥魚魯，或任意增刪，往往文意全非，以至不能卒讀。現今不論是術數愛好者，還是民俗、史學、社會、文化、版本等學術研究者，要想得一常見術數書籍的善本、原版，已經非常困難，更遑論如稿本、鈔本、孤本等珍稀版本。

在文獻不足及缺乏善本的情況下，要想對術數的源流、理法、及其影響，作全面深入的研究，幾不可能。

有見及此，本叢刊編校小組經多年努力及多方協助，在海內外搜羅了二十世紀六十年代以前漢文為主的術數類善本、珍本、鈔本、孤本、稿本、批校本等數百種，精選出其中最佳版本，分別輯入兩個系列：

一、心一堂術數古籍珍本叢刊
二、心一堂術數古籍整理叢刊

前者以最新數碼（數位）技術清理、修復珍本原本的版面，更正明顯的錯訛，部分善本更以原色彩色精印，務求更勝原本。并以每百多種珍本、一百二十冊為一輯，分輯出版，以饗讀者。

後者延請、稿約有關專家、學者，以善本、珍本等作底本，參以其他版本，古籍進行審定、校勘、注釋，務求打造一最善版本，方便現代人閱讀、理解、研究等之用。

限於編校小組的水平，版本選擇及考證、文字修正、提要內容等方面，恐有疏漏及舛誤之處，懇請方家不吝指正。

心一堂術數古籍　珍本　叢刊編校小組
二零零九年七月序
二零一四年九月第三次修訂

雲間蔣杜陵先生訂定

地理辨正直解

錫山章氏增補闡義　可久堂藏板

心一堂術數古籍珍本叢刊　堪輿類　無常玄空珍秘

二

地理辨正原序

蔣平階撰

通三才之道曰儒故天官

地理皆學士家窮理之本

業而象緯之學正三統測

災祥屬有國家者之事獨

地理為養生送死生民日用
所急孝子慈孫无不可以不
譜宋儒朱蔡諸賢間有著
明見於性理書中者班之乃
考顧僅能敷陳梗槩而未究
其精漸或者進而求之通都

所布管郭諸書雖其言鑿

而古之逾遠斯其為道顯而

隱誠所謂間世一出非人不

傳者耶余少失恃壯失怙先

大父安溪公早以形家之書

孜孜手授久而漸知僞學之非

也思窮徑絕乃得無極子之

傳於游方之外習其所傳又

十年所於是遠溯黄石青烏

近考青田幕講彼其所言蓋

人人殊而顧旨則一且視天下

山川土壤經大荒內外六如一

也其庶乎地學之正宗在是也輒

欲舉其說以告學者又不能顯

言之已則取當世相傳之書

訂其紕繆而析其是非使言

之者无罪而聞之者有所懲戒

而不至於亂辨正之書所以作

也夫地學之有書始於黃石盛

於楊公而世所惑溺而不可卒

解者則莫甚於玉尺坡諭劉

諸書彙為一編其翻豆之與

叆書皆以云救也于姜諸子

問業具經史之暇旁及此編

豈好事哉我得此道以釋憾

於我親洋我游者皆有親也

姜氏習是編而遠梓之以公

世其又為天下後世之弓親者

加之意歟元哉儒者之用心也

巳

自叙

大元空五行之法始於晉盛於唐
一時著書立說者類皆為言理三言
氣之祖自宋以降其法稍稍失傳於
是諸法雜出各持一說以為求食
之藉而偽者日益盛真者日益失

矣惟

國初蔣大鴻先生獨得無極真

傳將世俗諸書辨是非定真偽

成地理辨正一書自此書出而天

玉青囊之奧錯綜變化之機陰

陽動靜之理向之失傳已經六七

百年由先生一朝大聲疾呼發聾

振瞶說掃百家而道濟一世豈非

參天地關盛衰大有功於生民者

季無何一法始出百弊叢生今去

先生未久而著書立說者又幾作

汗牛而充棟矣彼其說之牽逞

胸臆而顯與先生背者無論昂或

有奉先生之教取先生之書旬疏

字櫛張皇補苴行且自詡為功區

為諜子矣乃究其說之所以然與

先生書不啻毫釐千里之謬柂

戲百年之近已錯亂乖此愚恐愈

久而愈差也不橋固陋杜撰直解

不求字句之工但期學者之易曉

耳然終望博雅君子愛我者幸

教我以不逮焉

道光元年仲春之朔無心道人

識於千墨菴

吳縣趙光照書

辨僞原文

僕弱冠失恃先大父安溪公命習地
理之學求之十年而始得其傳乃以
所傳徧證之大江南北古今名墓又
十年而始會其旨從此益精求之又
十年而始窮其變而我年則已老矣
姚水親隴告成生平學地之志已畢

自此不復措意夫豈不欲傳之其人

然天律有禁不得妄傳苟非忠信廉

潔之人未許與聞一二也丹陽張孝

廉仲馨丹徒駱孝廉士鵬山陰呂文

學相烈會稽姜公子垚武陵胡公子

泰徵淄川畢解元世持昔以文章行

業相師因得略聞梗槩此諸君子或

丹穴鳳雛或青春雞薦皆自置甚高

不可一世蓋求其道以庇本根非挾

其術以為壟斷故能三緘其口不漏

片言庶幾不負僕之講求爾若夫中

人以下走四方求衣食者僕初未嘗

不憐之然欲冒禁而傳真道則未敢

許也至於僕之得傳有訣無書以此

事貴在心傳非可言罄古書充棟半

屬偽造故有辨正一書昌言救世後

復自言所得作天元五歌然皆莊蒙

所謂糟粕必求其精微則亦不在此

也此外別無秘本私為一家之書近

聞三吳兩浙都有自稱得僕真傳以

自衒鬻者亦有自撰偽書指為僕之

秘本以瞽惑後學者天地之大何所

不容但恐偽託之人心術鮮正以不

正之術謀人身家必誤人之身家以

不正之書傳之後世必貽禍於後世

僕不忍不辨惟有識者察之

華亭蔣平階大鴻氏敬告

地理辨正直解全集目錄

卷之一

　青囊經補傳　增直解

卷之二

　青囊奧語補注　增直解

　青囊序補注　增直解

卷之三

　天玉經補傳　增直解

卷之四

都天寶照經補傳增直解

卷之五

平砂玉尺辨偽

蔣大鴻先生辨正一書闡河洛之奧陰陽消息錯綜變
化之機明且暢矣上攷管郭楊曾降及青田幕講道同
一貫實地學理氣之正宗而有隱而未發之詞而要之
天玉青囊之所以然已如指掌無何百餘年來讀者猶
眛其解是其所是非其所非師師相傳曰日相授而辨
正之旨反日益晦嗟乎不善讀青囊天玉寶照諸書而
誤會其用者皆楊曾之罪人也不善讀辨正一書而妄
謂得傳以自誤而誤人者又蔣公之罪人也無錫章君

仲山獨悟眞詮熟推生尅制化之用吉凶消長之理神

明其道于大江南北已三十年爰依辨正引伸其說成

直解若干卷自號曰無心道人殆深有得天地造化之

所以然而于元空之秘則幾乎洩矣一時交好吳巢松

太史單健堂司馬輩皆聳恿付梓以公諸世則是書之

出又大有功于地理之學亦猶蔣公辨偽諸篇不憚辭

費以捄世之深心也余與訂交最久頃來相遇維揚遇

柯君遠峰自吳門爲校刊方竣快先得讀用附數言了

後俾當世欲聞斯道者知所取信云時

道光元年辛巳四月既望武進李述來紹仔甫跋于

江寓館

雲間蔣氏平階補傳　　　門人　會稽姜　　垚辨正

無心道人增補　　　　　　　　　　　直解

青囊經　授赤松子述義

上卷　　古文作堪輿篇郭氏作氣威

原本作黃石公

篇邱氏作理原論今具制之

經曰天尊地卑陽奇陰耦一六共宗二七同道三八爲

朋四九爲友五十同途闓闢奇偶五兆生成流行終始。

八體宏布子母分施天地定位山澤通氣雷風相薄水

火不相射中五立極臨制四方背一面九三七居旁二

青囊經補註

可久堂

羨玉正解　卷之一

八四六縱橫紀綱陽以相陰陰以含陽陽生於陰柔生

於剛陰德宏濟陽德順昌是故陽木陰陰育陽天依形。

地附氣此之謂化始

傳曰、此篇以無形之氣為天地之始而推原道之所

從來也夫陽氣屬天而實兆於地之中聖人作易以

明天地之道皆言陰陽之互為其根者而已天高而

尊地下而卑然尊者有下濟之德卑者有上行之義。

所以往來天地之匡廓由此而成四時之代謝由此

一陰一陽一奇一耦其數參伍所以齊一其形對待

河圖洛書對待之圖

河圖
一六二
七三八
四九五
十合洛書
七三八
四九二
八三
對待之圖

一三五
七九為天數二十五
二四六八十為地數三十
天地之數五十有五
此所以成變化而行終始也

而運萬物之化育由此而胚。夫此陰陽奇耦之道。隨

舉一物無不有之。天地無心。聖人無意。自然流露。而

顯其象於河圖。遂有一六共宗。二七同道。三八為朋。

四九為友。五十同途之象。聖人因其象而求其義。以

奇者屬陽。而有天一天三天五天七天九之名。以耦者

屬陰。而有地二地四地六地八地十之名。而有一必

有二。有三必有四。有五必有六。有七必有八。有九必

有十。所謂參伍之數也。此一彼二。此三彼四。此五彼

六。此七彼八。此九彼十。所謂對待之形也。天數與地

河圖
五位相得圖

數各得其五。此謂一成之數。而百千萬億無窮之數。由此而推也。天數地數各得其五。合二五而成十。蓋有五。即有十。猶有一。即有二。陰陽自然之道也。故有天之一。即有地之二。即有天之三。即有地之四。即有天之五。即有地之六。即有天之七。即有地之八。即有天之九。即有地之十。此陰陽之數。以參伍而齊一者也。易曰五位相得。蓋此謂也。而一六在下。則二七必在上。三八在左。則四九必在右。五居中。則十亦居中。此陰陽之數。對待而往來者也。易曰五位相得而各有合。蓋謂

此也以其參伍而齊一故一奇一耦燦然而不紊以

其對待而往來故奇耦之間一闢一闔潛然而自應、

此生成之所從出也天一生水而地六成之地二生

火而天七成之天三生木而地八成之地四生金而

天九成之天五生土而地十成之一生一成皆陰陽

交媾之妙二氣相交而五行兆焉降於九天之上升

於九地之下周流六虛無有休息始而終終而復始

無一息不流行則無一息不交媾當其無而其體渾

然已成當其有而其體秩然有象聖人因河圖之象

青囊經補註

王可久堂

數。而卦體立焉。夫河圖止有四象。而卦成八體者何

也蓋一畫成爻爻者交也。太始之氣止有一陽。○是

名太陽。一太陽一交而成太陰。一是曰兩儀。太陰太

陽再交而成少陰二少陽二并太陰二太陽二是曰

四象。此河圖之顯象也。四象三爻而成八卦三。曰乾

三曰兌三曰離三曰震三曰巽三曰坎三曰艮三曰

坤。蓋即河圖每方二數析之則有八。此河圖之象隱

而顯者也。故卦之八由於四象爻之三由於三爻乾

坤二卦爲母六卦爲子此八卦之子母也。諸卦自爲

母三爻為子此一卦之子母也以此分施造化布滿
宇宙之間於是舉陽之乾為天對以陰之坤為地謂
之天地定位天覆於上則地載於下也此陰陽之一
爻而成天地者也舉陽之艮為山對以陰之兌為澤
謂之山澤通氣山載於下則澤受於上也舉陽之震
為雷對以陰之巽為風謂之雷風相薄雷發於下則
風動於上也舉陽之坎為水對以陰之離為火謂之
水火不相射水火平衡形常相隔而情常相親也此
三陰三陽之各自為交而生萬物者也先賢以此為

洛書

先天之卦伏羲所定本於龍馬負圖而作寔則渾沌

初分天地開闢之象也四象虛中而成五位此中五

者即四象之交氣乾坤之眞陽坤之眞陰皆無形而惟

土有形此土之下爲黃泉皆坤地積陰之氣此土之

上爲清虛皆乾天積陽之氣而土膚之際平鋪如掌

乃至陰至陽乾坤交媾之處水火風雷山澤諸凡天

地之化機皆露於此故中五者八卦託體儲精成形

顯用之所也故河圖雒書同此中五以立極也河圖

雖有四象而先天陽升陰降上下初分未可謂之四

位
坎一坤二震
三巽四中
乾六兌七艮
八離九
終而始循環
無端者也

辨正直解

方自中五立極而後四極劃然各正其方矣有四方

之正位而四維介於其間於是八方立焉統中五皇

極而為九分而布之一起正北二居西南三居正東

四居東南五復居中六居西北七居正西八居東北

九居正南謂之九疇此雖出於維書而實與河圖之

數符合天地之理自然發現無不同也布其位曰戴

九履一左三右七二四為肩六八為足其八方之位

適與八方之數均齊聖人即以八卦隸之而爻其序

曰坎一坤二震三巽四中五乾六兌七艮八離九此

義畫卦之時未有維書而大禹演疇之時未有後天

者大禹治水神龜出維文王因之作後天之卦豈伏

運行遷謝循環無端者也先賢以此爲後天之卦昔

也震巽離坤兌乾坎艮者日月之出没四時之氣機

三四五六七八九者古今之禪代推移周而復始者

致役乎坤說言乎兌戰乎乾勞乎坎成言乎艮一二

繼體代父爲政也易曰帝出乎震齊乎巽相見乎離

蓋成位之後少陽用事先天主天而後天主日元子

則四正四維不易之定位也數雖起一而用實首震

卦位班竅以為圖書必出於一時而先天後天卦位

亦定於一日伏羲但有卦爻而文王始繫之辭耳河

圖雒書非有二數先天後天非有二義也特先天之

卦以陰陽之對待言有彼此而無方隅後天之卦

以陰陽之流行者言則有方隅矣至其作卦之旨要

在於陰陽之互根則一也夫易之道貴陽賤陰則陽

當為主而陰當為輔而此云陽以相陰者何也蓋陽

之妙不在於陽而在於陰陰中之陽乃真陽也故陰

為之感而陽來應之似乎陰反為君而陽反為相此

經言神明之旨也然陽之所以來應乎陰者以陰中

本自有之以類相從故來應耳豈非陰含陽乎陰含

陽則能生陽矣一切發生之氣皆陽司之則皆陰出

之者也剛柔即陰陽陰陽以氣言剛柔以質言易曰

乾剛坤柔又曰剛柔相摩八卦相盪八卦之中皆有

陰陽則皆有剛柔若以陽為剛以陰為柔則宜乎剛

生於柔矣而乃云柔生於剛者何也無形之氣陽剛

而陰柔有形之質陰剛而陽柔於有形之剛質又生

無形之柔氣質生氣氣還生質故曰柔生於剛也凡

其所以能爲相助能爲包含生生不息如是者則以
陰之與陽蓋自有其德也惟陰之德能宏大夫陽以
濟陽之施故陽之德能親順夫陰以昌陰之化此陰
陽之妙以氣相感見於河圖雒書先後天之卦象者
如是由是則可以知天地之道矣天地之道陽常本
於陰而陰常能育陽故天非廓然空虛者爲天也其
氣常依於有形而無時不下濟地非塊然不動者爲
地也其形常附於元氣而無時不上升然則天之氣
常在地中而地之氣皆天之氣陰陽雖曰二氣正一

氣耳所以生天生地者此氣所以生萬物者此氣故

曰化始也

中卷　古文作天官篇邱氏作天元金
書符郭氏作神契篇今削之

經曰天有五星地有五行天分星宿地列山川氣行於

地形麗於天因形察氣以立人紀紫微天極太乙之御

君臨四正南面而治天市東宮少微西掖太微南垣旁

照四極四七爲經五德爲緯運幹坤輿垂光乾紀七政

樞機流通終始地德上載天光下臨陰用陽朝陽用陰

應空陽相見福祿永貞陰陽相乘禍咎踵門天之所臨

地之所盛形止氣蓄萬物化生氣感而應鬼福及人是

故天有象地有形上下相須而成一體此之謂化機

傳曰此篇以有形之象爲天地之機而指示氣之所

從受也上文旣明河圖洛書先天後天八卦之理聖

人作易之旨盡於此天地陰陽之道亦盡於此矣然

聖人不自作易其四象八卦皆仰法於天故此篇專

指天象以爲言夫易之八卦取象於地之五行而地

有五行實因天有五曜五曜凝精於上而五行流氣

於下天之星宿五曜之分光列象者也地之山川五

青囊經補註

河洛堂

四三

乾爲
三德
巽爲
五紀
五行
坎爲
離爲庶
五徵
坤爲
五事
艮爲
五福
震爲
稽爲
八政
疑爲
此謂
九

行之成形結撰者也故山川非列宿而常其列宿之

形觀其形之所呈卽以知其氣之所禀夫有是形御

是氣物化自然初未及乎人事而聖人仰觀俯察人

紀從此立焉木爲歲星其方爲東其令爲春其德爲

仁火爲熒惑其方爲南其令爲夏其德爲禮土爲鎮

星其方爲中央其令爲季夏其德爲信金爲太白其

方爲西其令爲秋其德爲義水爲辰星其方爲朔其

令爲冬其德爲智洪範九疇所謂敬用五事嚮用五

福五紀八政皇極庶徵皆自此出故聖人御世宰物

天遠星近日則
疾遠日則遲火
星遠日則遲近
日則疾土星遠
日則遲近日則
疾附金星水星
行無遲疾也五
星之行遲疾與
日相比一天之
行亦一六十一
日行一大周而
比一天之行三
日一周亦百六
十日行一周與
百常也日行一
度一月行三十
度與天不及一
度十二月天不
及三百六十度
一度積三百六
十度一而積三
百六十度與百
而此七日而積
十度不及三
十二度有奇十
二日三度有奇
十三度常不及
七日而會日月
有奇日月會於
日之行與天九
會始於大雪之
日終於冬至之
欽定新

一七政也渾天周匝雖云四方而已備八卦二十四

爻之象矣非經無以立極非緯無以嬗化一經一緯

真陰真陽之交道也交道維絡而後天之體環周而

固於外地之體結束而安於中此元氣之流行自然

而成器者也其始無始其終無終包羅六合入於無

間雖名陰陽一氣而已人能得此一氣則生者可以

善其生而死者可以善其死地理之道蓋人紀之一

端此端既立則諸政以次應之故聖人重其事其用

在地而必求端於天本其氣之所自來也然氣不可

此節申言無
形之氣不可
見惟日月五
星者可現于
天者可見即
可測矣不可
見之象即天
之氣氣氣依
生形形氣而
生形即天地
物生生化化
之氣生化
萬

見而形可見不可見之氣即寓於有可見之形者

氣之所成而即以載氣氣發於天而載之者地氣本

屬陽而載之者陰故有陰即有陽地得其所則天氣

歸之天地無時不交會陰陽無時不相見而得

其冲和之正則爲福德之門相見而不得其冲和之

正則爲相乘而名禍咎之根禍福殊塗所爭一間耳

足畏也且亦知星宿之所以麗於天山川之所以列

於地者乎天之氣無往不在而日得天之陽精而恒

爲日月得天之陰精而恒爲月五曜得天五氣之精

辨正直解 卷之二 青囊經補註

四七 可久堂

批注地理辨正直解

而恒為緯至於四垣二十八宿眾星環列又得日月

五星之精而恒為經此則在天之有形者有以載天

之氣也地之氣無往不在而山得月月五星之氣而

恒為山川得日月五星之氣而恒為川此則在地之

有形者有以載地之氣也列宿得天之氣而生於天

列宿與天為一體也山川得地之氣而生於地山川

與地為一體也萬物之生於天地何獨不然夫萬物

非能自生借天地之氣以生然天地非有意於生萬

物萬物自有機焉適與天地之氣相遇于窅冥恍惚

之中夫有所沾濡焉夫有所綢繆焉夫有所苞孕焉
遂使天地之氣止而不去積之與物為一乃勃
然以生爾地理之道必使我所取之形足以納氣而
氣不我去、則形與氣交而為一必使我所據之地足
以承天而天不我隔則地與天交而為一夫天地形
氣既合而為一則所葬之骨亦與天地之氣為一而
死魄生人氣脉灌輸亦無不一福應之來若機張審
括所謂化機也不然蓄之無門止之無術雖周天列
宿炳耀中天而我不蒙其照雖大地陽和滂流八表

天為萬物之歷地為萬物之體萬物之原榮枯變化其都始其終始都始乎地天而成乎地

而我不沾其澤天為匡廓地為稿壤骨為速朽子孫

為寄生我未見其獲福也可不愼哉可不愼哉

下卷　古文作叢辰篇

經曰無極而太極也理寓於氣氣圓於形日月星宿剛

氣上騰山川草木柔氣下凝資陽以昌用陰以成陽德

有象陰德有位地有四勢氣從八方外氣行形內氣止

生乘風則散界水則止是故順五兆用八卦排六甲布

八門推五運定六氣明地德立人道因變化原終始此

之謂化成

傳曰此篇申言形氣雖殊而其理則一示人以因形

求氣爲地理入用之準繩也易曰易有太極是生兩

儀太極者所謂象帝之先先天地生能生天地萬化

之祖根也本無有物無象無數無方隅無往不在。

太極則無極可知後賢立說慮學者以太極爲有物

故申言以明之曰無極而太極也大而天地細而萬

物莫不各有太極物物一太極一物全具一天地之

理人知太極物物皆具則地理之道思過半矣理寓

於氣氣一太極也氣圓於形形一太極也以至日月

星辰之剛氣上騰以剛中有太極故能上騰山川草

木之柔氣下凝以柔中有太極故能下凝資陽以昌

資之以太極也用陰以成用之以太極也太極之所

顯露者謂之象而所宣布者謂之位地無四勢以太

極乘之而命之爲四勢氣無八方以太極御之而命

之爲八方勢與方者其象其氣而命之爲勢爲方者

其極極豈有定耶則勢與方亦豈有定耶四勢之

各自有象則八方之中亦各自有氣然此諸方之氣

皆流行之氣因方成形只謂之外氣尚任其流行而

無止蓄則從八方而來者還從八方而去千山萬水

僅供耳目之翫如傳舍如過客總不足以瀟發靈機

滋荄元化必有為之內氣者焉所謂內氣非內所自

有卽外來流行之氣於此乎止有此一止則八方之

行形者皆招攝翕聚乎此是一止而無所不止於此

而言太極乃為真太極矣無所不止則陽無所不資

陰無所不用而生生不息之道在其中太極生兩儀

兩儀生四象四象生八卦萬事萬物胚胎乎此前篇

所謂形止氣蓄萬物化生蓋謂此也然但言止而不

辨正解

卷首 青襄經補註

可久堂

心一堂術數古籍珍本叢刊　堪輿類　無常玄空珍秘

申明所以止之義恐世之審氣者茫然無所措手故

舉氣之最大而流行無間者曰風曰水夫風有氣而

無形稟乎陽者也水有形而兼有氣稟乎陰者也然

風稟乎陽而陽中有陰焉水稟乎陰而陰中有陽焉

二者皆行氣之物氣之陽者從風而行氣之陰者從

水而行而行陽氣者反能散陽以陽中有陰也行陰

氣者反能止陽以陰中有陽也大塊之間何處無風

何處無水風原不能散氣所以嘘之使散者病在乎

乘水原不能止氣所以吸之使止者妙在乎界苟能

明乎乘與界之為義審氣以定太極之法斯可知矣

上文反覆推詳皆泛言形氣之理至是乃實指地理

之用於是總括其全焉順五兆以五星之正變審象

也用八卦以八方之衰旺審位也排六甲以六甲之

紀年審運也布八門以八風之開闔審氣也地理之

矩矱盡於此矣推五運以五紀之盈虛審歲也定六

氣以六氣之代謝審令也謹歲時以扶地理之橐籥

盡於此矣如是則太極不失其正而地德可明然聖

人之明地德也非徒邀福而已蓋地之五行得其順

則人之生也五德備其全而五常順其性聖賢豪傑

接踵而出而禮樂政刑無不就理豈非人道自此立

乎然此亦陰陽變化自然之妙雖有智者不能以私

意妄作夫亦深知其所以然因之而已夫卜地葬親

乃慎終之事而子孫之世澤皆出其中則人道之所

以終卽爲人道之所以始然則斯道也者聖人開物

成務無有大於此者也謂之化成宜哉

[直解]上卷推原無形之氣爲萬物生生之始中卷、

因有形之象推測無形之氣一形一氣萬事萬物

不能逃其變化出其範圍此卷兼形兼理

而言實指地理之用也斯理雖本洛書實則變易

不一錯綜無定隨氣運行隨時而在者也苟非師

師相授雖窮年皓首斷不能窺其巔末讀者莫輕

視而忽之

地理辨正卷之一終

地理辨正評
宋伯魯

雌雄二字全書
眼目三平之秘
在此宜細玩之
天下諸書對
天下諸書對
不同唐人已看
不同唐人已看
此論何怪令人
三嚄嚄也

地理辨正卷之二

杜陵蔣平階大鴻補註　門人

　　　　　　臨安于鴻儀　較正

　　　　　　會稽姜　　垚

　　　無心道人增補　直解

青囊序　唐曾求己公安甫著

楊公養老看雌雄天下諸書對不同。

雌雄者陰陽之別名乃不云陰陽而云雌雄者言陰

陽則陰自為陰陽自為陽疑乎對待之物互顯其情

者也故善言陰陽者必言雌雄觀雌則不必更觀其

青囊序者青囊
奧語天玉寶照
四書皆所以闡
明三陽理氣之
秘三陽者平洋
平陽平原也
亦曰三平有水
為平洋無水為
乾流為平陽
平原其看法
皆同與三陰
截然相反三陰
者高山墩阜
高岡必其看法
與三平相反所

義正解　卷之二

雄而知必有雄以應之。觀雄、則不必更觀其雌而知

必有雌以配之。天地者大雌雄也。山川雌雄中之顯

象者也。地有至陰之氣以招攝天之陽精天之陽氣

日下交平地而無形可見。止見其草木百穀春榮秋

落蛟龍虫豸升騰蟄藏而已。故聖人制婚姻男先乎

女亦以陰之所在陽必求之。山河大地其可見之形

皆陰也。實有不可見之陽以應之所謂雌雄者也。故

地理家不曰地脉而曰龍神言變化無常不可以跡

求者也。青囊經所謂陽以求陰陰以含陽者此雌雄

謂識得陰陽便是
顛倒顛便是
大羅仙此語蔣
公天元歌歸
孕錄屢屢言
之而世人不解
讀書誤用山
龍看平龍陽
差陰錯謬以
傳謬楊公將
胡行亂作害
世人可勝浩
歎

也所謂陽本陰育陽者此雌雄也所謂陰用陽朝
陽用陰應者此雌雄也所謂資陽以昌用陰以成者
此雌雄也楊公得青囊之秘洞徹陰陽之理晚年其
術益精以此濟世卽以此養生然其中秘密惟有看
雌雄之一法此外更無他法夫地理之書汗牛充棟
獨此一法不肯筆之於書先賢口口相傳間世一出
益自管郭以來古今知者不能幾人旣非聰明智巧
可能推測又豈閱覽博物所得與聞會者一言立曉
不知者累牘難明若欲向書卷中求之更河漢矣故

葬□直解　卷之二

曰天下諸書對不同也曾公安親受楊公之秘故其

所言深切著明如此彼公安者豈欺我哉

直解　雌雄者陰陽交媾之情交媾者天地陰陽化

生萬物之氣也善言陰陽者必言交媾善言交媾

者必言雌雄如含雌雄交媾而言陰言陽則天不

生地不成陰自為陰陽自為陽毫不相涉者也世

俗諸書但知有地而不知有天皆因天之氣無形

可見地之形有跡可尋耳善看雌雄者以有形可

見之地測無形可見之天再以無形可見之天合

只此六句平洋作法已無餘蘊

有形可見之地也夫所見者在地而必求端乎天

者何也本其氣之所自來耳地有至陰之氣以招

攝天之陽精天之陽氣日下交乎地而無形可見

只見草木百穀春榮秋落蛟龍虫豸升騰蟄藏是

氣不可見而形可見也以不可見之氣卽寓於有

可見之形因可見之形卽不可見之氣亦可見矣

天依形地附氣運行化育于冥冥之中不見而彰

不動而變無爲而成卽楊公所謂看雌雄者也

先看金龍動不動次察血脉認來龍

青囊序

可久堂

凡經中言平洋
皆包平陽平
原在內
看金龍之訣俗
師泥無形二字
從空中盲猜瞎
揣却非岩高如
此況仲人乎豈
知將汪明明言

此以下乃言看雌雄之法也金龍者氣之無形者也。
龍本非金而云金龍者乃乾陽金氣之所生故曰金
龍動則屬陽靜則屬陰氣以動為生以靜為死者
可用死者不可用其動大者則大用之其動小者則
小用之此指金龍之消長言也消長旣明斯可辨其
血脉血脉卽金龍之血脉非龍而實龍之所自來所
謂雌雄者也觀血脉之所自來卽知龍之所自來矣
、察察其血脉之來自何方也知血脉之來自何方卽
可認龍之來自何方矣此楊公看雌雄之秘訣而非

此以形象言也
知蔣汪明明言
故末節注中即
中明之曰二十四
山之水其間必
有交道相過然

後血脈真而金
龍動云云可見
動不動即在
三叉處認不求
諸渺茫不可
知之鄉也時師
本不善讀書自
尋魔境可歎
也己

世人倒杖步量之死格局也

俗註辰戌丑未四金惡煞為金龍者非

[直解] 看即看無形之氣無形之氣化育萬物千變

無窮故名之曰金龍動不動者即氣之盈虛消長

陰陽往來也察者察也即察無形之氣消與長也

知氣之消與長即可認金龍之得與失矣得為動

不得即為不動非山行水曲之動不動也

龍分兩片陰陽取水對三叉細認踪

兩片即雌雄陰在此則陽必在彼兩路相交也三叉、

卽後城門界水合處必有三义細認踪卽察血脉以

認來龍也知三义之在何方則知來龍之屬何脉矣。

俗註以兩片爲左旋右旋以三义爲生旺墓非

直解　山一片水一片空一片實一片來一片往一

片來有來之用法往有往之用法故云龍分兩片

陰陽取也空一片卽天一片天運循環元氣流行

消長不一往來無定全憑心法趨其將來避其已

往來者爲動爲陽往者爲靜爲陰此分空一片之

兩片也實一片卽地一片地有背面生死起伏行

離水則為坎龍
坎水則為離龍
卯水則為酉龍
酉水則為卯龍
推之各山皆然
凡言血脉皆
即所謂元空边
指水言山言龍
言氣皆指實地

止須憑眼力挨生棄死夫背就而面者為生

背者為陰為死此分實一片之兩片也三义卽水

口細認踪者細認山上水裏之玄空得與失也卯

得與失方知察血脉認來龍之法矣

江南龍來江北望江西龍去望江東

此所謂兩片也金龍本在江南而所望之氣脉反在

江北金龍本在江西而所望之氣脉反在江東葢以

有形之陰質求無形之陽氣也楊公看雌雄之法皆

從空處為眞龍故立其名日大玄空雖云兩片實一

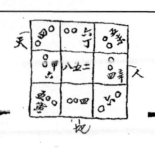

片也。

俗註江南午丁未坤為一卦江北子癸丑艮為一卦
共一父母江西申庚酉辛戌乾亥壬為一卦江東寅、
甲卯乙辰巽巳丙為一卦共二父母兩卦之中互相
立向者非

直解 江南江北江東江西即陰陽顛倒顛察血脈
認來龍之意上節雖云兩片實一片也金龍之兩
片即已往一片將來一片蓋彼來則此往此往則
彼來有來自有往有往自有來來極則往往極則

見吉人卜宅亚
不取後龍前謂
只向水神朝處
取也知此則平
龍之法思過
半矣

來。來。即往之始往即來之源何來兩片珋

是以聖人卜河洛瀍澗二水交華嵩相其陰陽觀流泉。

卜年卜世宅都宮。

此即周公卜洛之事以證地理之道惟在察血脉認

來龍也聖人作都不言華嵩之脉絡而言瀍澗之相

交則知所認之求龍認之以瀍澗也又引公劉遷豳

相陰陽觀流泉以合觀之見聖人作法千古一揆也

直解 上文所云察血脉認來龍對三义細認踪者

楊公恐人不信此訣特引聖人之相陰陽觀流泉

即来水發源謂
之朱雀者以水
神在前故也三
吉水收在前面
亦此意

山以當元運爲
旺水以木當元
運爲旺衰旺
配合雌雄也

晉世景純傳此術演經立義出玄空朱雀發源生旺氣。

一講說開愚蒙。

推原玄空大卦不始於楊公益郭景純先得青囊之

秘演而立之直追周公制作之精意者也乃其義不

過欲朱雀發源得生旺之氣耳來源既得生旺即是

來龍生旺而諸福坐致矣來源若非生旺則來龍亦

非生旺而禍不旋踵矣景純當日以此開喻愚蒙其

如愚蒙之領會者少也。

以證千古一法也。

金鎖秘陽差
陰錯圓每月
逆初三日起每
五日為一卦歷
三七六四八二六
宮而為一月一
九不用天根月
窟四日起三
卦起三爻足

俗註龍取生旺之氣於穴中水取生旺之氣於穴前

又指氣之生旺為長生帝旺墓庫合三爻者、非

向首一星之妙用。

[直解] 上二句推原挨星之法所自來下二句詳言

一生二分二生三。三生萬物是玄關山管山兮水管水。

此是陰陽不待言。

陰陽之妙用始於一有一爻即有三爻有一卦即有

三卦故曰一生二生三此乃天地之玄關萬物生

生之毫篇也又恐人認山水為一而不知辨別故言

辨正再解　卷之二

山之玄關自管山而水之玄關自管水不相混雜蓋

山有山之陰陽而水有水之陰陽爾通乎此義則世

之言龍穴砂水者眞未夢見矣。

俗註生旺墓三合爲玄關者非、

【直解】一極於三、三極於九故數始于一而終于九

也。蓋天所覆地所載萬事萬物不外乎此、是謂玄

關山管山水管水者、山有山之陰陽五行推其順

逆生死、水有水之陰陽五行推其順逆生死、蓋山

自爲山水自爲水故云陰陽不待言也。

水重采情
山用旺水用衰
山以旺水為生衰
為克水以衰為
生旺為死顛
倒用坐山来
水即前南北
東西之意点
即两片之義

識得陰陽玄妙理。知其衰旺生與死。不問坐山與来水。

但逢死氣皆無取。

此節暢言地理之要只在衰旺生死之辨也。衰旺有

運生死乘時陰陽玄妙之理在乎知時而已。坐山有

坐山之氣運來水有來水之氣運所謂山管山水管

水也。二者皆須趨生而避死從旺而去衰。然欲識得

此理非真知河洛之秘者不能豈俗師所傳龍上五

行收山向上五行收水順逆長生之說所能按圖而

索驥者乎。

地理辨正直解

卷二 青囊序

河洛堂

【直解】此節承上文看金龍分兩片而言也。玄妙是

陰陽往來之玄妙。生死是氣運消長之生死氣運

消長之生死蓋以當元者為旺將來者為生方去

者為衰去已久者為死下二句、總言上山下水之

趨避。

先天羅經十二支。後天再用干與維。八干四維輔支位。

子母公孫同此推。

羅經二十四路已成之跡。人人所知何須特舉此節

非言羅經制造之法蓋將羅經直指雌雄交媾之玄

此即三元盤讀

此知三合雙山

偽盤之謬。

山有山之氣旺
生尅水有水之
氣旺生尅即
雌雄交媾之
元闗也

關以明衰旺生死之作用爾十二支乃周天列宿之
十二次舍故曰先天地道法天躔有十二宫而位分
八卦每卦三爻則十二宫不足以盡地之數故十干
取戊已歸中以為皇極而分布八干為四正之輔佐
然猶未足卦爻之數遂以四隅四卦補成三八於是
卦為之母而二十四路為之子焉卦為之公而二十
四路為之孫焉識得子母公孫則雌雄之交媾在此
金龍之血脉在此龍神之衰旺生死亦盡乎此矣
俗註子寅辰乾丙乙一龍為公午申戌坤辛壬二龍

可久堂

為母卯乙丑艮庚丁三龍為子酉亥未巽癸甲四龍

為孫非

直解　上二句、言二十四山不易之定位下二句、分

析八千四維十二支之子母公孫十二支之子母

公孫既分則某為公某為孫某為子母都在于斯

祖宗却從陰陽出陽從左邊團團轉陰從右路轉相通

二十四山分順逆共成四十有八局五行卽在此中分

有人識得陰陽者何愁大地不相逢

此一節申言上文未盡之旨也子母公孫如何取

用

坎宮壬子癸
之子非子息
之子只因俗
師誤認子息
故有順子逆
子可無不可
薰之謬說

真交媾者即
元空先天大五
符四十八局水火
交媾金木合
併坎離代乾
坤之妙用天

蓋二十四山止應二十四局而一山之局又有順逆
不同如有順子一局即有逆子一局一山兩局豈非
四十八局乎此局得何五行則龍神得何五行五行
不在此中分乎然五行之根源宗祖非取有形可見
有跡可尋之二十四山分五行乃從玄空大卦雌雄
交媾之真陰真陽分五行也論至此玄空立卦之義
幾乎盡矣而又恐人不知陰陽為何物又重言以申
明之曰如陽從左邊團團轉則陰必從右路轉相通
言有陰卽有陽有陽卽有陰所謂陰陽相見雌雄交

根窩三十六宮
都是春也此
頃口傳
用山龍起伏
過峽看平洋
不知元空大
卦作用則皆
可數

媾玄空大卦之秘旨也言左右則上下四旁皆如是

矣此即上交龍分兩片江南龍來江北望之意而反

覆言之者也其奈世人止從形跡上著眼不能領會

玄空大卦之妙故又發嘆曰有人識得此理者乃識

眞陰陽眞五行眞血脉眞龍神隨所指點皆天機之

玅何愁大地不相逢乎若不識此雖大地當前目迷

五色未有能得其眞者也

俗註陽龍左行爲順陰龍右行爲逆陽亥龍左行爲

甲木陰亥龍右行爲乙木之類非

直解分者即分兩片也兩片者、一顛一倒、一往一

來、一順一逆也分得順逆顛倒自然共成四十有

八局然分作四十八局何益盍九星流轉氣運術

環八卦九宮即從此而轉順者順逆者逆故曰此

中分但五行之根源宗祖非取有形可見有跡可

尋二十四山所分之五行也要從大玄空卦中求

天心之一卦流動九宮則甲癸申非盡貪狼而與

貪狼為一例艮丙辛非盡破軍而與破軍為一例

此即所謂星辰流轉要相逢順逆在此中分也知

此則在在之陰陽可求而得在在之陰陽旣可求

而得豈非定陰陽辨順逆元空下卦起星之根源

宗祖耶要在未立向以前將水之去求山之入首

四面八方仔細看到排定方位後用挨星之法審

其某水合某水不合某山合某山不合另尋別向

挨到處處合時合運補救直達兼得方可如此則

向之兼左兼右兼干兼支之法無不在其中矣有

人識得流轉變遷隨時而在之陰陽者何愁大地

不相逢乎盈虛消長之道本上下無常進退無

駁時師淨陰
淨陽之非而
歸重於陰陽
相見

恒者也、分者卽從無常無恒之中分其進退定其
上下辨其陰陽分其順逆如是無常者似乎有常
無恒者亦若有恒矣、
陽山陽向水流陽執定此說甚荒唐陰山陰向水流陰
陰陽相見兩爲難一山一水何足言
笑殺拘泥都一般若能勘破個中理玅用本來同一體
又言所謂識得陰陽者乃玄空大卦眞陰眞陽而非
世之所謂淨陰淨陽也若據淨陰淨陽之說則陽山
必須陽向而水流陽陰山必須陰向而水流陰時師

卦氣相通即
天玉內傳上第
十五節汪中野
謂父母一氣之
卦

拘拘於此而不知其實無益也眞陰眞陽自有個中

之妙世人不得眞傳無從勘破耳若有明師指點一

言之下立時勘破則知不但淨陰淨陽不可分所謂

眞陰眞陽者雖有陰陽之名而止是一物又何從分

既知陰陽爲一物則隨手拈來無非妙用山與水爲

一體陰與陽爲一體二十四山卦氣相通者皆爲二

體矣夫淨陰淨陽者一山止論一山之陰陽一水止

論一水之陰陽故拘執有形不能觸類旁通耳玄空

大卦一山不論一山之陰陽而不論與此山相見之陰

搭註以來龍
定陰陽以分來
逆而亦陽者如來順
水而左定者
來龍不蚓轉者
為陽亦陽水
為陰陽如來水亦陽
來者當立陽
向以收干支有
分者亦有以向
卦屬而分以
者皆非也別

陽一水不論一水之陰陽而論與此水相克之陰陽
所以為難知難能而入於微妙之域此豈淨陰淨陽
之說拘於有形者所可同年而語哉

[直解]山上龍神在山水裏龍神在水此即謂陽山
陽水此陰陽以來者為陰當令者為陽
失運者為陰生者為陽死者為陰非世所謂左旋
右轉也亦非以山為陰而水為陽也又非以紅字
為陽黑字為陰也又非以干屬陽支屬陰也此關
一破萬卷青囊絲絲入扣矣陰陽即往來即往

往卽來。來與往一氣連貫。本無二物。須參與時偕

行。與時偕極卽往來流動之中。在在有一陰一陽

隨時而在者也。隨時而在乃是眞陰陽眞五行眞

立空眞血脉眞龍神。若拘拘于干支卦位。左轉右

到者。何來個中之妙耶。陰陽相見。兩爲難者。山上

排龍水上排龍雌雄相見也。此相見。非坎龍必須

離水之相見。兌龍必須震水之相見。要山上排龍

排到水裏水裏排龍排到山上。山上水裏或來者

與往者相見。或得者與失者相見。或山與水相見

或水與山相見或相見之於山或相見之於水或

山與水都相見者此謂之兩難註云一山不論一

山之陰陽而論與此山相見之陰陽一水不論一

水之陰陽而論與此水相見之陰陽數語真屬玄

玅難知當細細察之如曉得此山此水相見之陰

陽方知山與水爲一體陰與陽爲一體二十四山

卦氣相通者皆爲一體矣豈拘拘于形跡者所可

同年而語哉

二十四山雙雙起少有時師通此義五行分布二十四

時師此訣何曾記

此即上文二十四山分順逆之義而重言以嘆美之

雙雙起者。一順一逆。一山兩用故曰雙雙也。五行分

布者二十四山各自為五行不相假借也雖如此云。

而其中實有奧義惟得秘訣者乃能通之時師但從

書卷中搜索必不得之數也。於此可見二十四山成

格有定執指南者人人能言之而微妙之機不可測

識矣。

俗註乾亥為一甲卯為一丁未為一之類釋雙雙起

者非

直解 此處要順輪者彼處要逆佈者此時要順排

者彼時要逆挨者一山兩用故曰雙雙也且二十

四山定陰陽分五行起星下卦之法其秘盡在雙

雙二字之內能於此中推測可得五行分布之奧

矣

山上龍神不下水水裏龍神不上山用此量山與步水

百里江山一晌間

此卽上文山管山水管水之義而重言以歎美之且

又以世人之論龍神但以山之脉絡可尋者爲龍神
卽其所用水法亦以山龍之法。下求乎水以資其用
耳。不知山與水乃各自有龍神也。特爲指出以正告
天下後世焉。山上龍神以山爲龍者也。專以山之陰
陽五行推順逆生死而水非所論。水裏龍神以水爲
龍者也。專以水之陰陽五行推順逆生死而山非所
論。剛柔異質燥濕殊性分路揚鑣不相假也。卽有山
龍而兼得水龍之氣者亦山自爲山水自爲水。非可
以山之陰陽五行混入乎水之陰陽五行也。山則量

山以辨山之純雜長短水以辨水之純雜長

短得此山水分用之法百里江山一覽在目此青囊

之秘訣亦青囊之捷訣也嗚呼此言自曾公安剖露

以來於今幾何年矣而世無一人知者哀哉

俗註論山用雙山五行從地卦查來龍入首論水用

三合五行從天卦查水神去來者非

[直解]山用順水用逆俗註已明水用逆而星仍用

順時師未曉此青囊之秘訣即青囊之捷訣也所

云龍神非來龍來脉之龍神是挨星生旺之龍神

山上挨得生旺之龍神。謂之葬著旺龍。當代發。水

裏挨得生旺之龍神。謂之葬著天心發。豈遲者也。

山自為山。水自為水。不相假借也。

更有淨陰淨陽法。前後八尺不宜雜。斜正受來陰陽取。

氣乘生旺方無煞。來山起頂須要知。三節四節不須拘。

此淨陰淨陽。非陽龍陽向水流陽之淨陰淨陽也。蓋

只要龍神得生旺。陰陽卻與穴中殊。

龍脉只從一卦來。則謂之淨。若雜他卦。即謂之不淨。

而辨淨與不淨。尤在貼身一節。或從前來。或從後至

上元之氣盛旺
中元中元之氣
亦預旺上元下
元之氣常有餘
力旺於上元此定
運也
歸厚錄審運
章注

須極清純不得混雜八尺言其最近也言此尤為扼

要所謂血脉也一節以後則少寬矣此節須純乎龍

運生旺之氣若一雜他氣即是煞氣吉中有凶矣來

水如此來山亦然須審其起頂出脉結穴一二節之

近耍得龍神生旺之氣益龍頂上聚受氣廣博能操

禍福之柄即或直來側受之穴結穴之處與來脉不

同而小不勝大可無虞也此以知山上龍神水裏龍

神皆以來脉求生旺而尤重在到頭一節學者不可

不慎也。

俗註以左轉右轉順逆為陰陽者非

直解 來山來水處處均歸一路即為淨如出他卦
即為不淨惟入首一節更不宜夾雜故特辨之乘
氣收水其法不一或有斜受或有正受或陰來陽
受或陽來陰受急來緩受緩來急受要而言之生
氣在左則左在右則右隨地取裁隨時兼取者耳
來山起頂者穴後主山之頂也須要知者要知主
山之頂屬何方位屬何星體也穴有穴頂穴頂之
方位星辰亦要辨別清楚去穴遠者不必拘拘屬

城門即三叉口
以審脈在此

劉切曉亮鑒
開混沌頑石點
應點頭

一

何星體也只要合乎生旺爲妙然此生旺兼體用

而言宜細細察之

天上星辰似織羅水交三八要相過水發城門須要會

卻如湖裏鴈交鵞

此以天象之經緯喻水法之交會也列宿分布周天

而無七政以交錯其中則乾道不成而四時失紀矣

幹水流行地中而無支流以剖割其際則地氣不收

而立穴無據矣故二十四山之水其間必有交道相

過然後血脉眞而金龍動大幹小支兩水相會合成

辨正直解　卷之三　　六

三义而出所謂城門者是也。湖裏鴛交鴦言一水從

左來一水從右去兩水相遇如鴛鴦之一往一來也。

詳言水龍審脉之法而立穴之玅在其中矣。

[直解]上二句取天象之經緯喻水法之交會。下二

句、以鴛鴦之往來比流神之屈曲然大幹小枝兩

水相會合成三义必有枝流界割其間則地氣收

束。立穴有據矣所謂氣無界不收龍無界不清脉

無界不止穴無界不的。即此意也!

富貴貧賤在水神水是山家血脉精山靜水動盡夜定。

四大尊神即裒
旺生死天機元
妙即寶照八卦
只有一卦通之
義乾坤艮巽
三官貴此云豪
富盖水主財祿
貴而且富也

水主財祿山人丁乾坤艮巽號御街四大尊神在內排

生尅須憑五行布要識天機玄妙處乾坤艮巽水長流

吉神先入家豪富

生尅生即生旺尅即衰死生為吉神死為凶神要在

乾坤艮巽各有衰旺生死非可躭用須用五行辨其

玄空大卦故云天機玄妙處也

直解 山主靜水主動山管人丁水管財祿水法美

主財祿豐盈龍氣佳主人丁與旺水形屈曲曰御

街非以方位為御街也四大尊神即衰旺生死將

此衰旺生死排在乾坤艮巽與水中故曰在內排天

機即天運吉神先入謂當收得生旺為先也。先

到先收亦謂之先入。

請驗一家舊日墳十墳埋下九墳貧、惟有一墳、能發福

去水來山盡合情

直解　如十墳用十處、有山情好者、有水法好者、有

山水無情者、有發福者、有衰敗者地非一處盛衰

亦無一定自然之理也、楊公獨舉十墳埋下之句、

蓋屬假借之辭申言用法之得弗得也、謂此十墳

用於一處則九墳之前後左右來山去水坐山朝

向乘氣收水方位干支與此一墳總是一般模樣

既是一般則九墳之盛衰宜與此墳一般為是乃

九墳敗而一墳獨發者何也墳之形局雖同所用之

時各有先後時有先後坐山朝向雖是一般在在

之陰陽各別陰陽既別則五行之消長氣運之盈

虛自有合與不合合情者惟此一墳體與用消與

長處處用得合法也

宗廟本是陰陽玄得四失六難為全三才六建雖為妙

以訛傳訛竟不明所以禍福爲胡亂

得三失五盡爲偏益因一行擾外國遂把五行顛倒編。

此節旁引世俗五行之謬以見地理之道惟有玄空

大卦看雌雄之法所以尊師傳戒後學也盡唐以後

諸家五行雜亂而出將以擾外國而反以禍中華故

今以訛傳訛流毒萬世曾公所以辨之深切也歟。

【直解】宗廟五行是唐一行所造所云得三失五得四失

六者非盡善之謂也

弼星
　　庚丁寅同例作
輔星
　　子未卯
三吉祿存到
乾戌巳文曲古
連次

青囊奧語　唐楊益筠松撰

　　　　　　　　　　無心道人增補　直解

楊公得青囊正訣約其言爲奧語以玄空之理氣用

五行之星體而高山平地之作法已該括於其中然

非得真傳口訣者索之章句之末終不能辨謂之奧

語誠哉其奧語也姜垚汝皋氏注

坤壬乙巨門從頭出艮丙辛位位是破軍巽辰亥盡是

武曲位甲癸申貪狼一路行

姜氏曰挨星五行郎九星五行也。貪巨祿文廉武破

年丑酉右弼之
八九
原文只露了
一羊此一羊也
小補中增入方
合着盤作用
不似于癸並甲
申一訣星一羼
萬逃遁之秘之

辨正直解　卷之二

輔弼二挨去故曰挨星玄空大卦五行亦卽挨星
五行名異而實同者也此五行原本洛書九氣而上
應北斗主宰天地化育之道斡維元運萬古而不能
外也此九星與八宮掌訣九星不同唐使僧一行作
卦例以擾外國專取貪巨武爲三吉其實非也大九
星乃七政之根原八卦乃乾坤之法象皆天寶地符
精華妙氣顧于其中分彼此辨優劣眞庸愚之識詭
怪之談矣止是天地流行之妙與時相合者吉與時
川背者凶故九星八卦本無不吉而有時乎吉本無

上元貪巨祿中
元文廉武下元
破輔弼所謂一
元三吉惟貪
輔弼常吉末
隨元運轉移

有迹而有時平函所以其中有遍有避真機妙用全

須秘密耳真知九星者豈惟貪巨武為三吉即破祿

廉文輔弼五凶亦有吉時真知八卦者豈惟坎離乾

坤四陽卦為凶即震巽艮兌四陰卦亦有凶時斯得

亥空大卦之真訣矣奧語首揭此章乃挨星大卦之

條例坤壬乙非盡巨門而與巨門為一例艮丙辛非

盡破軍而與破軍為一例巽辰亥非盡武曲而與武

曲為一例甲癸申非盡貪狼而與貪狼為一例此中

隱然有挨星口訣必待真傳人可推測而得若舊注

以坤壬乙天干從申子辰三合爲水局故曰文曲巽

丙辛天干從寅午戌三合爲火局故曰廉貞之類謬

矣又有云長生爲貪狼臨官爲巨門帝旺爲武曲亦

謬。

直解 挨星五行即九星五行貪巨祿文廉武破輔

弼。一挨去故曰挨星此五行原本洛書九氣而

上應北斗主宰天地化育之道其氣無形可見者

也無形之氣爲天所行也有形之質爲地所行也

一二三四五六七八九即大五行爲天行氣爲地

左右

行形之次序。非水火木金之在天成象又非方圓

直銳之在地成形又非東木西金之方位又非坎

水離火之卦屬故名之曰大玄空此五行隨氣變

遷隨運轉移天心一動九宮便更名非有定氣隨

星分故曰非巨門而與巨門為一例非破軍而與

破軍為一例如是則下卦起星之訣定卦分星之

與曉然矣若拘拘於字義則與玄空二字之意不

○合○

左為陽子癸至亥壬。右為陰午丁至巳丙。

即龍分兩片
即江南江西之
義

姜氏曰此節言大五行陰陽交媾之例。如陽在子癸
至亥壬則陰必在午丁。至巳丙矣。自子至壬。自午至
丙路路有陽。路路有陰。以此為例。須人自悟也。非拘
定左邊為陽。右邊為陰。若陰在左邊。則陽又在右邊
矣。亦可云左右。亦可云東西。亦可云前後。亦可云南
北。皆不定之位。雌雄交媾非有死法。故曰立空舊注
自子丑至戌亥、左旋為陽自午至申未右旋為陰謬

義○義

陰陽左右、是天地交媾之真陰真陽。如陽在

子癸陰必在午丁陽在午丁陰必在子癸陽在左

陰必在右陽在右陰必在左八卦四隅路路有陽

路路有陰非拘定左邊為陽右邊為陰也陰陽有

一定之氣無一定之所陰陽雖無定所隨時而在

者也若拘拘於子癸午丁亥壬巳丙順則皆順逆

則皆逆何來左與右耶楊公恐人拘定故特辨之

○陰陽左右是翻天倒地隨時顛倒之陰陽隨時

顛倒左右自無一定苟曉顛倒無定之陰陽方知

陽在彼陰必在此之竅矣

龍向水三者也
重布壽言山水
若陰陽交媾
在於山水故曰三
大卦如坤艮局
只有向卦必須
山水相覆合此

雌與雄。交會合立空。雄與雌。立空卦內推。

姜氏曰、立空之義見于曾序江南節注。

[直解]合立空即合陰陽往來之立空陰陽往來之

立空。總在山上水裏雌雄交會之內。故曰推也。得

此訣須知氣有一定之氣而用無一定之用也。

山與水。須要明此理水與山禍福盡相關。

姜氏曰山有山之卦氣水有水之卦氣脫不得陰陽

交媾之理。山有山之禍福水有水之禍福有山禍而

水福。有山福而水禍。有山水皆福。有山水皆禍互相

兩卦而收中宮
之氣以入穴方合
作法故天玉曰山
與水相對

歸涉品配爲用

[直解]明此理者即明雌雄交會之理也此交會之
理益以地之體主靜天之氣主動主動之氣生乎
上主靜之氣成乎下雌雄交媾動靜生成此氣本
無往不在無時不有無物不生者也所謂葬乘生
氣即乘此生氣也葬得此生氣則天氣歸之天氣
歸則地氣必從之矣如是則陰陽之道山水之理
可得而知矣。山與水水與山是言山上水裏之
排龍也明此理即明一山不論二山之陰陽二水

青囊奧語

一〇七

不論一水之陰陽而論與此山此水相見之陰陽。

也上節所云雌與雄雄與雌即是山上水裏元空

交會有彼此生生之妙也

明玄空只在五行中知此法不須尋納甲

姜氏曰九星五行大卦之法只明玄空二字之義則

衰旺生死瞭然指掌之間不必尋乾納甲坤納乙巽

納辛艮納丙兌納丁震納庚離納壬坎納癸之天父

地母一行所造卦例矣。

〔直解〕無定無據無方無隅無始無終無形無跡無

陰陽交媾妙
在顛倒順逆
故特言之

往不在無時不有日辰空五行者是挨星五行即

大玄空九星五行非諸家之五行也切莫誤認九

星五行之中有與時合者有與時背者八卦九星

本無有凶不合則凶本無有吉合時則吉如此則

墓宅之興衰瞭然矣何必用尋乾尋甲之法乎

顛顛倒二十四山有珠寶順逆行二十四山有火坑

姜氏曰顛倒順逆皆言陰陽交媾之妙二十四山陰

陽不一吉凶無定合生旺則吉逢衰敗則凶山山皆

有珠寶山山皆有火坑毫釐千里間不容髮非真得

金龍即是水
龍以金為水母
故曰金龍
出金鎖秘

辨正直解　卷之二

青囊之秘何以能辨之乎

直解　顛倒、即翻天倒地之顛、倒正是陰不是陽

不是陽之顛、倒下二句總論俗術之非

認金龍一經一緯義不窮動不動直待高人施妙用

姜氏曰易云乾為龍乾屬金乃指先天真陽之氣無

形可見者也地理取義于龍正謂此耳一經一緯即

陰陽交媾之妙金龍之經緯隨處而有而動與不動

去取分焉必其龍之動而後妙用出焉若不動者不

可用也金龍既屬無形從何可認認得動處即知用

法所以有待高人也歟

直解 認金龍者即認無形之氣也無形之氣日往
月來盈虛消長經緯無窮者也此氣從何可認苟
能認得無形之氣孰往孰來誰消誰長方知其動
與不動知得動處即知察血脉認來龍之法矣一
經一緯者即動者運行於上無一息之停主降靜
者安靜於下亘古不移主升升升降降上行下效
縱橫顛倒總出動而使然也如舍經而言緯非但
無氣質生成之妙理且無用往來之氣化孤陽不

生緯亦空有是緯矣。如含緯而言經。非但無寒暑

以化物并無秋落春榮之變易獨陰不育經亦徒

有是經矣。○金龍既屬無形不在形跡上求動靜

曉然矣不在干支方位上求動靜亦曉然矣。

第一義要識龍身行與止第二言來脉明堂不可偏第

三法傳送功曹不高壓第四奇明堂十字有玄微第五

妙前後青龍兩相照第六秘八國城門鎖正氣第七奧

要向天心尋十道第八裁屈曲流神認去來第九神任

他平地與青雲第十眞若有一缺非眞情。

穴者穴於止處
也天元歌曰凡
是止形皆可穴
頑山頑水盡黄
金是矣

來脉福龍神
明堂論局勢
明堂者向也

姜氏曰上節言金龍之動不動而此節緊頂龍身行

與止學者不可忽也蓋有動則有止不動則雖有金

龍只云行龍原無止氣故高人妙用以此為第一有

此一著然後其餘作法可次第而及也來脉明堂不

可偏非謂來脉必與明堂直對不可偏側也若如所

云則子龍必作午向亥龍必作已向矣來龍結穴變

化不一有直結者有橫結者有側結者豈容執一楊

公之意蓋謂來脉自有來脉之受氣明堂自有明堂

之受氣二者須各乘生旺兼而收之不可偏廢也傳

三陽不但後空
左右亦須低空
必平洋于金訣
云平洋與山法
不一堂坡空尤
吉左坡低平前
面高旺氣產
英豪家即此

城門即三义口
此句即三义口
脈以認來龍
意

送功曹乃左右護龍星辰益真龍起頂必高于護砂

乃為正結若左右二星反壓本山非龍體之正矣平

地亦然貼身左右有高地掩蔽陽和房分不利俗術

所不覺也十字玄微乃裁穴定向之法雖云明堂實

從穴星內看十字明此十字則穴之上下左右向之

偏正饒減盡于此矣其云玄微誠哉其玄微也歟前

後青龍兩相照從案托龍虎定穴法者此義易知八

國城也八國有不滿之處是曰城門益城門通正氣

之出入而八國鎖之觀其鎖定之方便知是何卦之

正氣以測衰旺而定吉凶也故曰秘天心十道緊頂

八國城門而來恭城門既定正氣之來踪而又當于

穴內分清十道乃知入穴正氣廣狹輕重銖兩平衡

之辨故曰與此兩節專言入穴測氣非論形勢也不

然則與明堂十字前後青龍兩條不幾于複乎屈曲

流神已是合格之地然有此卦來則吉彼卦來則凶

者躲以屈曲而用之誤矣須有裁度乃可變通取用

故曰裁以上皆審氣之真訣至微至渺者一著不到

將有滲漏而失真情矣平地高山總無二法上八句

各是一義末二句不過叮嚀以囑之語氣湊拍借成

十節耳。

[直解]第一義。○上節言無形之氣動不動。此節言。

有形之質止不止。楊公看雌雄之法蓋以有形之

質為體。無形之氣為用。一體一用雖有動靜之殊。

然必體立而後用行。故以龍身行止為第一經云、

形止氣蓄萬物化生。創此之謂也

第二言。○山有山之行止。水有水之行止。分定行

止。然後辨其是地非地。再辨其屬何卦氣屬何生

旺得為不偏不得即謂偏非坎龍離水之偏不偏
也。

第三法。○傳送功曹是前後左右輔從之別名高
壓者賓欺主之象也。

第四奇。○明堂十字乃裁穴定向之法在未立穴
以前先看四面情形八方氣勢次看來山來水合
何時之生旺再看內堂外堂去來止聚之方如是
則知穴之宜左宜右宜前宜後自有一定不可移
易之穴自有一定不可移易之向矣

第五鈔。○細看前後左右。龍虎案托。左爲龍右爲
虎。前爲案後爲托。環抱開面相向有情爲照兩相
照者八方相照有情也。

第六秘。○城門二字最難拘礙。水有水之城門山
有山之城門水之城門有三义以三义爲城門無
三义以水之照穴有情處爲城門。亦有以來處爲
城門。亦有以去口爲城門總以有權有力處爲是
山之城門以入首束氣處爲城門。或以過峽起頂
處爲城門。亦有以某處來脉即以某處爲城門平

原平陽以枝浜界氣爲城門或以低田界水止處

爲城門鎖正氣者看准城門正氣鎖定在何方也。

第七奧。○天心十道是用法之至美者也上文十

道從形跡上看此節以體用合宜山水兼得便爲

十道十道即天卦之十道非地卦地卦

之十道一九二八三七四六八八知之何以云奧

楊公于此節發明要向天心尋者真所謂披肝露

胆之說陰陽相見之妙訣也苟能會得其理十道

自然有處可尋常在向上分清不用別處尋也

第八九十三節。○水神雖以曲爲吉然有此處來

則吉彼處來則凶者其中須有裁度平地青雲剛

高山平洋高山平洋其用則一十眞者龍穴沙水

鬼曜朝對處處環抱朝拱更兼山得山之用法水

得水之用法此即謂十眞或體好而用不能全合

或用得而體少有偏側反跳之形總謂之缺以上

十節須以龍眞穴的爲要龍果眞穴果的止自有

止行自有行自有明堂自有功曹自有傳送自有

十字自有城門左右自然照應流神自然屈曲如

言山龍不甚
重卦氣也

頂倒杖卦坐陰陽何必想

接脈即接氣
天元歌山法最緊
粘突下作穴星
此又名為接氣
浮君看為雷令
富貴墳半是
接氣非真結
即倒杖之義

龍穴一有不的外面空有萬重山即此謂也

姜氏曰此以下二節專指山龍穴法與平地無涉。

世人拘執淨陰淨陽之說故一語破之倒杖非必如因

俗傳十二倒杖法此後人偽造也只接脉二字足盡

倒杖之真訣旣知接脉便知真穴旣得真穴便有真

向自然之陰陽已得又何必淨陰淨陽之拘拘哉

[直解]此節申言裁穴定向之法要在未立穴以前。

先看山之來脉從何起頂從何入首細細看准某

干上是來脈某干上是入首辨清干支夫婦再看
水之去來某處是來源某處是去口某處是三又
一一看到然後再辨孰陰孰陽誰得誰失方可剪
裁趨避如卦坐倒杖等語總言乘氣收水之法何
必想三字是言楊公不勉而中不思而得之致。
楊公當時攜杖登山隨機指點後人神其說為有
十二種倒杖法傅訛之至。
識掌模太極分明必有圖。
姜氏曰山龍眞穴必有太極暈藏于地中此暈變化

一二二

不同而其理則一。非道眼孰能剖露哉

〔直解〕按識掌模三字分明是掌上起星辰纇聚羣

分之太極何曾說著地中之太極果是地中之太

極與掌何相干涉。要得內極先求外極弗識外

極焉識內極既識外極再尋內極從此尋極萬不

失一要求太極先求的穴再尋蟬翼自有眞極。

○物○極○以○物○定○物○以○極○分○未○生○物○先○生○極○未○生○先

○無○物○即○無○極○無○極○即○無○物○有○物○自○有○極○有○極○自○有

○生○物○極○生○物○物○生○極○極○物○物○生○生○方○知○物○物○一○太○極

歸厚錄幹支
車鼎水碓照
一水發機發機
之所與鼎不符
名曰化氣吸噓
歸臍即以散薑
汪曰薑平地而
言也

知化氣生尅制化須熟記

姜氏曰生旺之氣為生衰敗之氣為尅挾生旺之氣

勝衰敗之氣是為制化此一節兼平地而言

〔直解〕知化氣要知天地化育之氣化育之氣至公

至平無往不在無時不有既知此氣再細細考其

所以生所以尅制之理苟能熟記於胸中

則天地之氣機墓宅之興衰瞭然矣生尅即五行

之生尅制與化益言以文制武以貴治賤以長治

幼以尊治卑之理三綱五常為王道之制化此理

之當然也陰陽剛柔水火木金為五行之傳化此

氣之當然也其事雖異其理則一細心參考制化

之理自得矣○虛則補其毋實則瀉其子亦是制

化之妙法也

說五星方圓尖秀要分明○

曉高低星峯須辨得玄微○

鬼與曜生死去來真要妙○

姜氏曰此三節皆論山龍形體不須另解鬼曜之生

死去來是辨龍穴之要著也龍之轉結者背後必有

鬼有穴星如許長而鬼亦如許長者俗眼難辨有反

在鬼上求穴者不知穴星是來脉爲生鬼身是去脉

爲死察其去來而眞僞立辨矣盡龍左右龍虎都生

曜氣向外反張有似乎砂之飛走者此眞氣有餘直

衝上前而餘氣帶轉如人當風振臂衣袖飄揚反向

後也在眞龍正穴則爲曜氣在無有穴之地則爲砂

飛此其辨在龍穴而不在砂也

直解　五星卽木直金圓土方水曲火尖之五星要

分明者要說五星正變之象也

關按之以
□祖頑者
之以財
由妙觀夫
向祭卽
元微

合九星生旺非
元運而實與
元運爲一

天元歌向水挨
龍非不美後山
有水始美衰向
水亦卽挨龍格

辛□直解　　　卷□青囊奧語

星峯在旺方宜高衰方宜低是楊曾之眞訣須高

處得高處之五行低處得低處之五行元微者祭

得其宜也。

鬼曜專論挨生棄死之法。

向放水生旺有吉休囚否

姜氏曰向中放水世人莫不以來水特朝爲至吉去

水元辰走泄爲至凶殊不知向上之水不論去來若

合生旺則來固吉去亦吉若逢休囚則去固凶來亦

凶楊公因向上之水關係尤緊其說最能誤人故特

批注地理辨正直解

一二七

可久堂

辨正直解

辨之

直解 大凡向上之星得生旺爲要、五歌云、向首一
星災禍柄向上無水去來者猶可、或有水去來者、
或有水聚者、或見水光者、或合成三义者、此謂之
玄關又謂之城門關繫盛衰之地、最爲緊要可不
加意細察乎、重在玄空得失不重水之去來。來
來水特朝去水走泄其形人所易曉、生旺休四世
所不識

二十四山分五行、知得榮枯死與生、翻天倒地對不同。

其中秘密在玄空認龍立穴要分明在入仔細辨天心

天心既辨穴何難但把向中放水看從外生入名爲進

一重魁即零正
即氣旺即雌雄
交媾

定知財寶積如山從內生出名爲退家內錢財皆盡費

生入魁入名爲旺子孫高官盡富貴

姜氏曰玄空大卦之妙只翻天倒地對不同七字二

十四山既分定五行則榮枯生死宜有一定矣及其

入用于此時則吉用于彼時則凶者時之對不

同者其一也有用之此處則吉用之彼處則凶者物

之對不同者又其一也此其秘密之理非傳心不可

一切隨元運為
轉移故有宜
者不宜

繼襄閲語

批注地理辨正直解

二九

可久堂

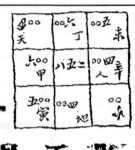

天心即上文第七奧之天心另有辨法非時師所謂

天心十道也若如時師之說又何用仔細耶天心既

辨則穴中正氣已定而撓其權者在向中所放之水

也從外生入從內生出此言穴中所向之氣也我居

于衰敗而受外來生旺之氣所謂從外生入也我居

於生旺而受外來衰敗之氣似乎我反生之故云從

丙生出也此言穴中所向之氣穴中既有生入之氣

矣而水又在衰敗之方則水來尅我適所以生我也

肉外之氣一生一尅皆成生旺兩美相合諸福畢臻

所以高官富貴有異于常也此其中正有對不同者

存焉舊注所云小玄空水生向尅向為進神向生水

尅水為退神非是青囊豈有兩玄空五行耶

[直解]二十四山何山當順推五行何山當逆挨九

星知此即知得生死榮枯矣何山順何山逆有一

定之氣無一定之位須參與時偕行與時偕極自

有一陰一陽隨時而在者也曉得在之陰陽空

中分陰陽定五行之訣可得矣如生出生入尅出

尅入乃言穴中所向之氣也穴中所向之氣衰旺

有運死生隨時不可以一例求之者也。

脉息生旺要知因龍歇脉寒災禍侵縱有他山來救助。

空勞祿馬護龍行。

姜氏曰此下二節總一篇之意言先尋龍脉以定穴
之有無次論九星以辨氣之吉凶也此一節先言形
體而以來龍之脉息為重外砂之護夾為輕。

[直解] 生旺是氣運之生旺知氣運之生旺方可立
向消納剪裁趨避倘不知此氣則趨非所趨避非
所避空用祿馬貴人有何益哉。山龍眞結到落

脉入首處必有似有似無呼吸浮沉之動氣此謂
之脉息犹人身之六脉一般身之六脉主宰血氣
流行三焦灌溉全體脉非他物即神之別名也華
元化云脉者氣血之先也先也者主宰乎氣血之
神也由此觀之脉之生旺豈可忽乎

勸君再把星辰辨吉凶禍福如神見識得此篇真妙微

又見郭璞再出現

姜氏曰此一節乃言卦氣而以九星大五行為主言
如上節所云雖得來龍脉息之真穴而吉凶禍福尚

地理辨正直解　　青囊奥語

可久堂

未能取必。勸君再將挨星訣法。細審衰旺生死而後

可趨吉而避凶轉禍而為福一篇之旨不過如此苟

能識其微妙前賢與後賢一般見識一般作用青囊

三卷更無餘義矣

總論楊公此篇其言玄空大卦。挨星五行。卽青囊經

上卷陽生于陰之義而下卷理寓于氣之妙用也其

言倒杖下卷氣圉于形之妙用也一形一氣括盡青

之義而下卷氣圉于形之妙用也一形一氣括盡青

囊之旨而究其立機正訣如環無端不可捉摸謂之

曰奥語宜哉。

[直解]龍穴砂水。分合向背諸般皆有形跡可見是

真是假人所易曉惟大玄空五行之法世所不知。

即古今以來知者不過數人而已。再者楊公教得

訣者而言也。謂既得真訣又得吉地。再將大五行

之情性剛柔往來進退盈虛消長。細細審辨而後

趨避如是則體與用無所不當矣。

細按再辨兩字明明教得訣者而言也。謂既得真

訣再將星辰考究明徹星有吉凶消長有陰陽往

求有氣色情性有五行稟性有三吉五吉有統令

專令於五常有君臣父子夫婦昆弟於時有秋冬

春夏於物有方圓直銳於五行有水火木金諸星

各有所司諸物各有所稟苟能細細考究明徹前

賢後賢一般見識一般作用誠哉得訣者所當辨

也。

地理辨正卷之二終

地理辨正卷之三

杜陵蔣平階大鴻補傳　門人

武陵胡泰徵

會稽姜　垚　較正

無心道人增補　直解

天玉經　唐楊益筠松撰

內傳上

天玉內傳即青囊奧語挨星五行玄空大卦之理楊

江東一卦從來吉八神四個一江西一卦排龍位八神

四個二南北八神共一卦端的應無差

江東一四七為
一卦

江西二五八九為
一卦

南北一五八為
一卦
　其應各差

每一卦都不離
東卦起於東
西卦起於西
審非淺半位
自起南北一卦
直達本位子
字午字起故曰
賓主自起

二五六故曰八神
字午宇起故曰
賓主自起

三元卦所以審
龍運辨衰旺
生尅迎與為第一
著先天大五行
兩照收山出煞

公妙用止有一法更無二門。此乃反覆其詞以授曾
公安者也。江南江北江東江西曾序已先下注腳矣。
但南北東西應有四卦而此云三卦者緣玄空五行
八卦排來止有三卦故也。江東一卦者卦起于西所
謂江西龍去望江東故曰江東也八神即八卦之中
經四位而起父母故曰八神四個言八神之中歷四
位也。此一卦只管一卦之事不能兼通他卦也。
江西一卦者卦起于東反而言之即謂江東龍去望
江西亦可故曰江西也亦于八卦之中經四位而起

三大卦皆歸
根於二五八故三
大卦亦可分作
兩大卦故曰東
西二卦真奇
西三卦真奇
異又曰分卻東
西兩箇卦是此
此中奧竅誰

也此為第二著
而其究也仍不
離後天方位以
此三層工夫訣
一不可而皆屬
卦理精微妙
用故曰三般卦

父母故亦曰八神四個二者此一卦兼管二卦之事
而不能全收三卦也此如坎至巽乃第四位巽至兌
亦第四位八卦之中各經四卦故曰八神四個也南
北八神者乃江北一卦所謂江南龍來江北望也不
云四個者此卦突然自起不經位數與東西兩卦不
同也八神共一卦者此卦包含三卦總該八神又非
八神四個二之比也夫此東西南北三卦有一卦止
得一卦之用者有一卦兼得二卦之用者有一卦盡
得三卦之用者此謂玄空大卦秘密寶藏非真傳正

能知之
三天卦即三
元中元寄於
四六故三元實
只納元而三卦
實只納此卦也
衰旺生死即
於此辨之嗚
呼至矣

授斷不能洞悉其妙者也

俗註寅至丙爲東卦申至壬爲西卦午至坤爲南卦

子至艮爲北卦非

[直解]江東一卦即後天之震卦江西一卦即洛書

之兌位既論元運震有震之吉時兌有兌之旺運

今先將震之吉時而論震爲三天元之末運可知

待震卦當令坎坤都已過時矣即得不爲我吉巽

又屬一元故曰四個一此一卦只得一卦之用不

能兼通他卦故也然非卦之不能時之不能也再

看後文六建分
明号六龍注用
申卦支神干神之
說則六建是一卦
中之三卦旁爻六
爻為六建則三陽
當以三卦中支丙是

論兌卦兌為七下元之首運可知既屬首該包三

卦即以七數至九亦該得三吉曰二者何也惟玄

空心法中只得艮兌不得離九故曰四個二此一

卦只得兼通二卦之用不能全收三卦故也此非

時之不能天卦之不能也八神者即坎坤震巽離

艮兌乾也共一卦者即共此一卦而為九也能用

此一卦所建之處即能全收三卦總該八神又非

八神四個二之所可比也讀者先將九宮八卦分

清孰往孰來誰消誰長再憑掌上尋得一卦二卦

三卦之法。知起於東起於西青囊之奧得矣。

二十四龍管三卦莫與時師話忽然知得便通仙代代

鼓駢闐。

二十四龍、本是八卦而八卦又分為三卦此玄空之

秘必須曰傳若俗注丙本南離而反屬東卦壬本北

坎而反屬西卦牽強支離悖理之極且云四個一者。

寅辰丙乙四個在一龍四個二者申戌壬辛四個在

二龍又屬無謂。

[直解]二十四山本是八卦此云三卦者、何也。法將

九宮分配三元一元分得三卦卽一二三四五六

七八九也然法雖如此用要變通不可執一二三四

五六七八九一亦爲三卦總要與葬時之一卦

合而生卽爲吉退而衰卽爲凶經云將來者進成

功者退卽此謂也三卦卽三般卦之三卦此卦周

流六虛無所不至此陰彼陽無時不易卽八卦二

十四龍陰陽顛倒變化錯縱都由此而起故曰管

也

天卦江東掌上尋知了値千金地畫八卦誰能會山與

批注地理辨正直解

相對即交媾
坎水即離山
震水即兌山
即龍分两片
之義與青囊
序江南龍來江
北望師評互
看山即龍也
非泛言山溪知

水相對。

天地東西南北皆對待之名所謂陰陽交媾玄空大
卦之妙用也此節方將山與水相對一言累指一班
泄漏春光矣非分天卦于江東分山水相對于地卦
也若以辭害志分別支離即同癡人說夢矣
俗注天卦地支從天干以向論水神旺墓地卦天干
從地支以龍論山水生死可笑
[直解]天卦、即玄空江東、即玄空中之生旺山與水
相對者水上之星即山上之星山上之星即生旺

之星將此生旺之星輪到城門或山上此爲山與
水相對非必拘定要水與山相對只要水上之星
與時相對耳○天卦地卦非天父地母之俗說切
莫誤認天卦卽無形之氣運行于上萬物生生之始
也江東者無形氣中之生旺也三元各有生旺故
云江東江西此氣無形可見無跡可尋全憑往來
消長之中細辨某爲江東某爲江西在江東時用
江東爲令星在江西時用江西爲令星隨時取用
之法曉然明白再查有形有跡之八方何方來水

龍神當旺要
受父母之氣前
養者父母去氣旺
子息父母氣旺
故最吉後氣
者子息來薰
父母故炎之寶

何方去水何方來龍何方入首何方高何方低何

方水口三叉有形無形相交會于其間再查山上

龍神水裏龍神雌雄相對與否此相對非坎龍必

須離水之相對兌龍必須震水之相對所謂相對

者山上水裏與時相對也

父母陰陽仔細尋前後相兼定前後相兼兩路看分定

兩邊安

卦有卦之父母爻有爻之父母皆陰陽交媾之妙理

此節前後指卦爻而言一卦之中爲父母卦前卦後

竪論葬法篆
詳惟以能得
父母之氣為上
故前兼貴於
後兼也

偏旁兩路節為了息若不仔細審察恐了父母之胎

元不眞而陰陽有差錯矣

俗注以前兼後為天卦屬向首後兼前為地卦屬龍

家為兩邊者非

[直解]父母、是隨氣建極之父母陰陽是隨時變易

之陰陽此陰陽名有定名位無定位須從顚倒變

易之中細細辨其陰陽分其順逆故曰尋也前後

是言山上水裏之前後山上水裏各有用法故曰

兩邊安也兩邊兩路總言山上水裏來往各得其

龍向水要合
三卦

此三卦者即三
大卦中之一四七
二五八三六九各
自為三卦四非
三大卦亦非三
般卦即先天
大五行有圖
訣

用耳。

卦內八卦不出位代代人尊貴向水流歸一路行到處

有聲名龍行出卦無官貴不用勞心力只把天醫福德

裝未解見榮光

八卦之內有三卦在三卦之內則為不出卦而吉三

卦之外即為出卦而凶向須卦內之向水須卦內之

水二者皆歸本卦則全美矣天醫即巨門福德即武

曲此乃一行所造小遊年卦例以溷挨星之真者也

葢謂世人誤認卦例為九星五行必不能獲福也

即龍分兩片江
南龍來江北望
之義

直解山得山之卦內水得水之卦內向得向之卦
內此謂不出位中二句甚言不出卦之妙如行龍
先見錯雜水神又流出卦來龍來水先帶駁雜用
法又兼巨武之差錯內外都出是為真出

倒排父母陰龍位山向同流水十二陰陽一路排總是
卦中來

倒排父母即顛倒顛之義陰陽交媾皆倒排之法山
向與水神必倒排以定陰陽十二陰陽即備二十四
山之理言雖有二十四位陰陽總不脫八卦為父母

也。

[直解] 倒排、即顛倒。山向水神必須顛倒以定陰陽

關天關地定雌雄富貴此中逢翻天倒地對不同秘密

二十四山或順或逆總自顛倒中來也。

在玄空

雌雄交媾之所乃天地之關竅知其關竅而后亥媾

可定也江南龍來江北望江西龍去望江東此為翻

天倒地已詳奧語注中

俗注以辰戌丑未為關天關地非

直解關即察也看也關天者察天運行消長之氣
也關地者看地之是地非地干上顛倒之雌雄也
天地形氣既定再分雌雄再定順逆再憑掌上排
其吉凶取其合時合運者用之失時失令者去之
此挨星之妙秘密深藏全在玄空上着眼不在形
跡上尋也故目對不同在玄空天地二字指干支
而言關即關空中變易之干支知空中變易之干
支即知定雌雄分順逆之奧矣翻倒是言陰可作
陽陽可作陰陰不是陰陽不是陽之翻倒也

三陽即三吉也
秀即八建二神
即向水各有二
神後本向本水
四神齊是如此
解鑿妥如專
取丙午丁為三
陽未详其義

三陽水向盡源流富貴永無休三陽上六秀二神當立見

入朝堂。

三陽者、丙午丁也。天玉青囊既重挨星生旺矣。而此
節提出三陽別有深意非筆舌所能道六秀者本卦
之二爻故曰二神天玉以卦之父母為三吉以卦之

子息為六秀。

俗注艮丙巽辛兌丁為六秀非

直解　三陽水向是活潑潑地一處有一處之三陽

一時有一時之三陽此處可作三陽彼處亦可作

三陽此時有三陽彼時亦有三陽二字隨氣

變遷不可執一注中獨提丙午丁三字不過以此

爲例耳

水到御街官便至神童狀元出印綬若然居水口御街

近台輔綮綮鼓角隨流水艷艷紅旆貴

鼓角紅旆皆以形象言

俗注乾坤艮巽爲御街長生前一位爲鼓角後二位

爲紅旆非

[直解] 御街指來水印綬言羅星鼓角紅旆皆是砂

乾坤艮巽號
御街並不錯
但須辨衰旺
耳

之美名此節皆以象取類應之耳俗注論方位非

上按三才并六建排定陰陽算下按玉輦捍門流龍去

要回頭。

三才卽三吉六建卽六秀此節上二句論方位故須

排定陰陽下二句論形勢玉輦捍門皆指去水須纏

身兜抱謂之曰回頭也。

俗注以長生諸位爲六建及玉輦捍門俱就方位言

者非

直解 六建三才言來山來水干支卦位之吉凶陰

陽算者卽算山上水裏得失之屬也玉輦捍門皆

指去水回頭者去而復回有戀戀不舍之情狀也

六建分明號六龍名姓達天聰正山正向流支上寨天

遭刑杖、

下二句緊接上二句而言水之取六建是矣然卦之

山向在四隅卦中則用本卦支神之六建在四正卦

中又當用本卦干神之六建若卦取正山正向而水

又流他卦之支上是陰差陽錯而必有寨天刑杖之

憂矣舉四正卦而四隅卦不辨自明矣此節以下專

四正用千四隅
用支凡大形大
局方用其實
三星五吉足矣
天元歌來去金水
必水來多一道
單纏養太和
滑水不走多必
特君錯宜避
耳

批注地理辨正真解

辨干支零正陰陽純雜毫釐千里之微○

[直解]水法中有天建地建人建馬建祿建財建此

六建乃上好格局然恐水多則易犯差錯故特辨

之假如四正卦上有水當用木卦干神為六建如

壬子癸一卦壬癸為建子為才又為吉或兼丑或

兼亥則有寡天刑杖之憂知此則四隅之卦可

以類推矣

前後五節總是辨方位定吉凶之法六建三才二

神三吉丙午巳丙指方位干支而言究其所以然

此但可云不出卦不得為真夫婦地注尚捅

必須體用兼到為要也

共路兩神為夫婦認取真神路仙人秘密定陰陽便是

真龍岡

共路兩神即一干一支也二干一支皆可為夫婦然

有眞夫婦有假夫婦眞夫婦為正龍假夫婦即非正

龍矣如壬巳為眞夫婦丙午亦眞夫婦若巳丙則不

得為眞夫婦矣其他倣此

[直解]兩神即一干一支壬子亥壬眞假之屬也認

取指來山來水兼坐向而言也看准來山來水干

支夫婦再辨其孰陰孰陽是真是假便是分陰陽

定五行之綱領故名之曰真神路矣

陰陽二字看零正坐向須知病若遇正神正位裝撥水

入零堂零堂正向須知好認取來山腦水上排龍點位

裝積粟萬餘倉

青囊天玉蓋以卦內生旺之位為正神以出卦衰敗

之位為零神故陰陽交媾全在零正二字零正不明

生旺必有病矣若知其故而以正神裝在向上為生

入而以零神裝在水上為剋入則零堂正向豈不兼

即東西卦

指出孰正孰正二字
青囊之橄淚

一語道破筆爛
索解

来山即来龍与
浚先定来山浚
之向再参看
總要龍向水
同在卦內

收其妙乎向水既妙而來山之腦未必與坐向相合

又當認取果來山又與坐向同在卦內則來脈又合

非但一向之旺氣而已惟水亦然蓋山有來山之腦

水亦有來水之源水龍即是山龍亦須節節排去點

位裝成果能步步零神則水之來脈與水之入口同

無間雜而爲大地無疑矣

一氣山之坐向與山之來脈同一氣斯零正二途別

【直解】零正即陰陽消長之道陽長即零轉而爲正

陽消則正轉而爲零消長不一陰陽無定苟能考

究消長之精微方曉坐山朝向之病不病矣坐向

謂坐之得則坐向之得則向重在得與弗得不重

坐與向也

正神百步始成龍。水短便遭凶零神不問長和短吉凶

不同斷

此承上文而言正神正位裝向固吉矣然其向中來

氣須深遠悠長而后成龍若然短淺則氣不聚難以

致福至于水則不然一遇正神雖一節二節其殺立

應矣其零神之長短又與正神有異使零神而在水

雖短亦吉若零神而在向雖短亦凶是零神之吉凶

在水向之分而不係乎長短也。

[直解]正神言山上排龍零神言水上排龍山上排

龍排得正神所到之方宜來龍來脈實地高山俱

吉有水則凶所謂百步者甚言其最近也水上排

龍排得旺神所臨之地得水便吉無論遠與近也

此亦平洋裁穴定向之要訣也。山上之零神卽

水裏之正神水裏之零神卽山上之正神上元之

正神卽下元之零神下元之正神卽上元之零神

零正無定隨時運行而升降者也

父母排來到子息須去認生剋水上排龍照位分兄弟

更子孫○

亦承上排龍而言卦之中氣為父母卦之二爻為子

息而本宮他卦之父母為兄弟上二句言山上排龍

下二句言水上排龍山上排龍從父母排到子息總

是一卦則卦氣純矣然須認其卦之生剋若得卦之

生氣則純乎吉若得卦之剋氣則純乎凶矣豈可以

其卦之純一而遂謂吉哉山上排龍來脈一路大都

生成合十皆屬
一氣否則不用

只在一卦之內至于水上排龍則不然水有一路來

者亦有兩三路來者故須照位分開而不能拘一卦

之父母只要旁來之水亦在父母一氣之卦謂之兄

弟兄弟弟卦內又有子孫雖非一父母而總是一家骨

肉來路雖多不害其為吉也凶者反是

〔直解〕上二句言山上排龍下二句言水上排龍山

上排龍以山為龍者也穴後有主山即以主山為

父母無主山以入首束氣處為父母其餘傳換傳

變高低起伏開帳結頂之處即為子息此子息是

形象之子息非挨排之子息。挨排之子息益以主

山入首處挨着五行爲父母開帳起祖之處挨着

五行爲子息此處五行。總要有益於主山入首者、

爲生與主山相剋相反者即爲剋非是主山火曜

不取艮金祖帶廉貞無用曲水之呆法也水上排

龍以水爲龍者也水有一處來者有兩三處來者。

有四五處來者總以照穴有情有力處爲主衆水

排龍之法排着同元一氣者爲兄弟挨得五吉三

星者亦爲兄弟兄弟之左右兩爻便爲子息非子

五行即九星下同以九星分主五行也

父財官之子息也

二十四山分兩路認取五行主龍中交戰水中裝便是

正龍傷前面若無凶交破莫斷爲凶禍凶星看在何公

頭仔細認蹤由

此一節、專舉卦之差錯者而言兩路者陰陽生死也

二十四山每山皆有兩路非分開二十四山歸兩路

也兩路之中須認取五行之所主五行所主貴在清

純若龍中所受之氣既不清純而吉凶交戰矣倘能

以水之清純者救之庶龍氣遇水制伏而交戰之凶

威可殺。奈何又將龍中交戰之卦。裝入水中則生氣

之雜出者不能為福而死氣之雜出者。適足為禍正

龍有不受其傷者乎然水之差錯其力足以相勝吉

多者吉勝凶凶多者凶勝吉入口雖然交戰而來水

源頭若無凶星變破則氣猶兩平雖不致福亦未可

遽斷為凶禍且凶星之應亦有公位之分吉凶雙到

之局只看某房受著便于此房斷其有禍不受著者

亦不應也非如純凶不雜之水房房受其殃禍之比

故其終、尤當仔細認云。

結全龍

先定來山後定向聯珠不相放須知細覓五行蹤富貴

直解五行主者山水清純一卦之主也如來龍出

卦與左鄰右舍相雜此謂龍中交戰水神又流出

卦與他卦干支混淆此謂水中交戰挨星又一得

一失裝在水中此謂空中交戰山與水俱屬吉凶

交戰用又半吉半凶如是正龍有不受其傷者乎

前面言水水上挨星若無凶星交戰未可遽言其

凶末二句與公位若來之意同耳

山者對水而言
非高山凹頂知
蓋山與向為一家
水自為一家所
謂山與水相對
言山而向在其
中矣

辨正□解　卷之三

此節單就山上龍神而言青囊天玉原以來山所受
之氣與向上所受之氣分為兩局然兩局又非截然
兩路故云聯珠不相放此不可約畧求之者也須當
細覓蹤跡若是富貴悠久之地必然來山是此卦而
向首亦是此卦一氣清純方得謂之全龍耳

[直解] 先定來山者先將山上星辰用得合法山管
人丁故以山為先也後定向者向首一星禍福之
柄水主財祿故以向為後也山向雖有先後之分。
其用則一故云不相放細覓五行蹤者要在翻天

即挨吉星到

向

倒地中細覓也全龍者向首是此一卦來山亦是

此一卦氣質清純陰陽相配此謂之全龍也

五行若然翻值向百年子孫旺陰陽配合亦同論富貴

此中尋、

此節亦上二句言山上龍神下二句言水裏龍神五

行翻值向者五行之旺氣值向也翻卽翻天倒地之

翻言生旺氣翻從向上生入也山管人丁故云百年

子孫旺而富貴亦在其中矣陰陽配合水來配合也

亦與向上之氣同論但用法有殊耳水管財祿故云

總要得父母
之氣

富貴此中尋而子孫亦在其中矣。

[直解]翻卽翻天倒地之翻五行值向者天元九氣

之旺星翻值向地陰陽配合者陽水陰山雌雄配

合元竅相通也。翻倒雖有山水之分其用則一故

曰亦同論此卽山水陰陽顛倒顛之意。

東西父母三般卦算值千金價二十四路出高官緋

入長安父母不是未爲好無官只豪富

此節發明用卦之理重卦體而輕爻重父母而輕

息蓋同一生旺而力量懸殊也言東西而南北在

三般卦者一天心
正運之一卦一坎
離交媾先天矢
五行一卦一後天
方位一卦所謂
三般卦即此

中矢青囊天玉之秘只有三般卦訣若二十四路不
出三般之內則貴顯何疑然卦內又當問其是卦之
父母否高官緋紫必是父母之氣源大流長所以貴
耳若非父母而但乘爻神子息之旺則得氣淺薄僅
可豪富而已

[直解]此陰彼陽此東彼西名無定名位無定
位陰陽顚倒變化錯縱方是眞元空眞陰陽
眞五行眞血脈眞龍神若拘呆法硬派某干
屬陽某干屬陰某山旺某元某水旺某運者

天玉經

心一堂

真諦何曾夢見耶。東西卽顛倒。父母卽陰

陽三般卽顛倒顛元空起父母之三般此三

般總由日月往來運行遷謝父母陰陽隨時

而在者也。體與用各有陰陽父母用有隨

機建極之父母隨時變易之陰陽體有重卦

輕爻重父母而輕子息之趨避楊公恐人誤

會故又翻覆詳辨之耳

父母排來看左右向首分休咎雙山雙向水零神富貴

永無貧若遇正神須敗絕五行當分別隔向一神仲子

千萬細推詳

亦承上文用卦須父母而言父母排來要排來山之

龍脈也來山屈曲必不能盡屬父母兼看左右兩爻

子息若何若子息清純不雜又須向首所受之氣逢

生旺則休遇衰敗則咎若雙山雙向卦氣錯雜須得

水之外氣悉屬零神剋入相助則雙山雙向為水神

所制伏而富貴可期矣萬一水路又屬正神則生出

剋出兩路皆空而敗絕不能免矣公位之說乃因洛

書八卦震兌坎離而定孟仲季三子之位隔向一神

猶在離卦之內故云仲子天玉暑露一班以爲分房

取驗之矩矱言仲而孟季可以類推矣

[直解] 山向乃穴之主腦吉凶萬端從此而出順逆

陰陽從此而分如用雙山五行之山雙山五行之

向卦氣已屬兩家左右順逆仍屬一氣者無碍水

用零神毫無夾雜亦能發福倘所坐所向之方界

乎半陰半陽之地水神又在不零不正之間如是

欲謂之左非左謂之右非右謂之正非正謂之零

非零矣山向水神生出剋出敗絶必不能免矣夫雙

山雙向卦氣旣屬不一則九星從何氣而分其陰

陽從何卦而別其順逆乎當分別者謂當分坐山

得何五行向首得何五行知坐山向首之五行則

某山吉某山凶某水合某水不合不辨而自明矣

所云隔向一神者帝釋是也。俗術分房之說都

以左為長右為季面前為仲註云隔向一神猶在

離宮之內蓋指一時一宮一向而言也若時

運變遷斗轉星移則隔向一神亦隨之而變易矣。

隔向一神旣隨之而變易則孟仲亦隨之而更換

斷非左孟右季之呆法也。可知矣。

若行公位看順逆接得方奇特宮位若來見逆龍男女

失其蹤。

承上文仲子一神而槩言公位之說順則生旺逆則

死絕然不云生死而云順逆者若論山上龍神則以

生氣為順死氣為逆若論水裏龍神則又以死氣為

順生氣為逆故也

[直解] 公位即孟仲季分房之說順逆、即往來得失

之屬接得云者蓋現在與將來相接也。現在與將

總要將父母
之氣
龍向水不出三
般卦而又挨得
吉星則富貴

來相接方為奇特如與過去已往者相接便謂之

逆又有半與將來相接半與已往相接亦謂之逆

是有失踪之患矣註中以生氣為順死氣為逆

指山上排龍而言若論水裏排龍則又以生氣為

得死氣為失顯之倒之所謂水用逆星仍用順即

同此意

更看父母下三吉三般卦第一

通篇皆明父母三般卦理反覆詳盡矣終篇復申言

之若曰千言萬語只有此一事而已無復他說矣蓋

何疑故下文
即接口惟有
接星乃最貴
也

致其叮嚀反覆之意云。

直解 三吉即一元三吉三般即顛倒顛玄空起父

母之三般習是術而不知此三般起父母之奧一

切說玄說妙總屬胡言反覆叮嚀不過反覆詳盡

之意耳

內傳中

二十四山起八宮貪巨武輔雄。四邊盡是逃亡穴下後

令人絕。

此節反言以見旨與起下文之意言一行所作小遊

年卦例以二十四山起八宮而取貪巨武輔為四吉

若其說果是則宜乎隨手下穴皆吉地矣何以四邊

盡是逃亡穴下後反令人敗絕哉則知卦例不足信

而別有眞機如下文所云也

專論八宮卦例之非恐人誤認故特辨之

十四卦每卦分得八卦定吉凶者亦非也。此節

[直解]八宮卦例以八卦之陰陽分順逆并有以六

惟有挨星為最貴泄漏天機秘天機若然安在內家活

當富貴天機若然安在外家活漸退敗五星配出九星

一貪狼起首挨
星法坤壬乙
巨門從頭出一
法平洋與山不
可山龍只用元
空五行尚有覓
不用者山龍原
不重此挨星不
滑出卦

名天下任橫行。

緊接上文卦例既不可用惟有挨星玄空大五行乃

為陰陽之最貴者。天機秘密不可流傳于世但可偶

一泄漏而已安在內不出卦之內此安在外出

三般卦之外出卦不出卦禍迴分安得不貴耶夫

挨星五行非如遊年卦例但取四吉而已益八卦五

行配出九星上應斗杓知九星之作用便可橫行天

下無不響應矣卦例云乎哉

【直解】法將得時得令之星安合時合局之水謂之

三三

安在內自有富貴之應若令星不得其所謂之安
在外自有退敗之患在山在水一同論也五星配
出九星即八卦配出九宮九宮分作三元如此推
度行乎天下無不響應執定卦例之說者宜細推
之方知此是彼非所云最貴者謂法之最貴也得
傳之後切不可洩漏天機輕示非人以招造物之
忌也是法始于晉盛于唐自五代及宋元注書立
說者數十百家諸法雜出以偽亂真紛紛聚訟龍
蛇莫辨于是有心者無所依歸求食者藉爲憑信

順逆法
不見三元總是者
不知四如次卦
壬子癸壬為陽
子癸為陰是必
五行配卦順逆
則在干支陽順
陰逆

一八二

如是則僞者曰益盛眞者曰益失矣。

干維乾艮巽坤壬陽順星辰輪支神坎震離兌癸陰卦

逆行取分定陰陽歸兩路順逆推排去知生知死亦知

貪留取教兒孫。

此節分出玄空大卦干支定位以足前篇父母子息

之義四維之卦以天干爲主者也地支日陽四正之

卦以地支爲主者也地支日陰此陰陽非交媾之陰

陽也。知卦之所主則父母子息不問而自明矣其陰

陽兩路每一卦中皆有陰陽兩路可分非將八卦分

為兩路何者屬陰何者屬陽也其順逆推排卽陰陽

兩路分定之法非乾艮巽坤為陽順坎震離兌為陰

逆若如此分輪則皆順也何云逆乎至于四卦之未

各綴一字曰正曰癸此又挨星秘中之秘可以心傳

而不可以顯言者也

［直解］四維之卦以乾坤艮巽為主四正之卦以子

午卯酉為主知卦之所主卽知卦之父母子息矣

知此卽知何者屬陽何者屬陰空中分陰陽定五

行辨順逆之法矣所言壬癸是隨時而在之壬

癸非方位干支之玉癸。卽在在之玉癸。亦有陰陽
兩路可分。當細細揣之。自得在氣不在方之訣矣。

○乾坤艮巽子午卯酉皆卦之中氣。卦之中氣爲

父母偏傍兩爻爲子息

天地父母三般卦時師未會話玄空大卦神仙說本是

此經訣不說宗枝但亂傳開口莫胡言若還不信此經

文但覆古人墳

日天地日東西日父母日玄空日挨星異名而同實。

若于字義屑屑分跣則支離矣此節蓋恐學者得傳

之後以爲太易而輕忽之故極言贊美以鄭重其辭

非別有他義也説到覆古人墳是徵信實著予得傳

以來洞徹玄空之理今故注此經文駁前人之謬直

捷了當畧無畏縮皆取信于覆古人墳蓋驗之已往

證之將來深信其一毫之無誤自許心契古人而可

以告無罪于萬世也

直解 天地卽干支父母是變易干支之父母三般

卽翻天倒地顚倒二十四龍之三般宗枝起父母

之宗枝也起父母之宗枝若不從此三般便是僞

法然此三般卦訣秘密深藏貴在心傳難以言顯

楊公說到覆古人墳葢驗之已往即可証之將來

深信其一毫無訛耳

分卻東西兩個卦會者傳天下學取仙人經一宗切莫

亂談空五行山下問來由入首便知蹤

此亦叮嚀告戒之語而歸重于入首葢入首一節初

年立應尤不可不慎也

［直解］分者即分元空顛倒之機也元空顛倒之機

葢以來者為東往者為西陽者為東陰者為西動

東西二卦
六七八九
四三二一
二十四山分五行故
曰五行山下
知蹤即辯三叉
知出脈是名入
首

一八六

乎陽動卽靜
乃始報卽動
乎報陽卽陰
乎報陽陰陽
卽生能從陽
分卽靜之中
卽報靜卽陽
卽報往卽星
下卦之法自

論父母卦

者爲東靜者爲西非世俗以坎離震兌分東西也

又非以十二支左兼右兼水法之左到右到分東

西也兩個是言隨時而在之陰陽也苟能分得在

在之陰陽則知此陰彼陽此東彼西之兩個矣曉

得此兩個定卦分星之奧下卦起星之訣畧見一

班矣

論宗枝

分定子孫十二位災禍相連值千災萬禍少人知剋者

論宗枝

此節直科時師慄認子孫之害盖子孫自卦中分出

不得堂旺則受
剋矣爻父母即八
卦四正古四維干
凶

位位不同豈如俗師干從支支從干。二十四路止作

十二位論若如此論法必致葬者災禍相連值矣既

遭災禍而俗師終不知所以災禍之故胡猜亂猜或

云干凶或云支凶總非眞消息也夫災禍之發乃龍

氣受剋所致而龍氣之受剋實不在干支蓋有爲干

支之宗者焉所謂父母是也知其宗之受剋則知干

支亦隨之而受剋所以不免災禍耳深言十二位分

子孫之說之謬如此。

[直解]當世所用雙山五行之法呆將二十四山分

巳丙咒
亥壬六一
申庚二七
寅甲三八
此泄出真解

作十二位論陰陽辨順逆總由不知顛倒顛玄空

起父母之宗枝也玄空起父母之宗枝二十四山

陰陽不一顛倒無定隨氣運行隨時變易乃是

真玄空真陰陽真五行若拘呆法硬派某干屬

陽某干屬陰者斷非知音之輩也

五行位中出一位仍細秘中記假若來龍骨不真從此

誤干人

此節又詳言出卦不出卦之密旨蓋同一出位而有

卦內卦外之不同若在卦內則似出而非出若在卦

地理辨正直解　卷之三

外則真出矣此中有秘當密記之在卦內則龍骨

真在卦外則龍骨不真矣

直解　地卦不出天卦不合即謂卦外地卦出而天

卦不出是謂卦內卦內云者在天心生旺之卦內

也出一位即巳丙亥壬申庚寅甲之出一位曉得

出一位之真訣隨于拈來無非妙用所謂不真者

非龍脈石骨水口種種之不真是挨星訣之真不

真也如不得真訣所謀豈止于人而巳哉山一位

即是兼貪兼輔之出一位山水錯雜用合補救此謂

龍向水要合三卦

水要合本元三吉卦

吉收在前面非三吉水全到凶

要一吉二吉水到六為大地

楊公用三合在此處

之骨真又名卦凶水有三吉四吉元空僅得其一二

即謂不真又名卦外當細細揣之自少悞人之作矣

一個排來千百個莫把星辰錯龍要合向向合水水合

三吉位合祿合馬合官星本卦生旺詩合凶合吉合祥

瑞何法能趨避但看太歲是何神立地見分明成敗定

斷何公位三合年中是

一個排來變化不一故有千百個也龍向水相合前

篇已盡祿馬官星在本卦生旺則應不然則不應此

見生旺為重而祿馬官星在所輕矣

天玉經

心一堂

義□□解　卷之三

[直解]合而為一散而為九縱橫顛倒流轉星辰變

易不一陰陽無定千百個者甚言陰陽之干變無

窮也星辰錯非為合官合貴之錯正言不合生旺

之錯龍向水都合生旺再合之以官貴自然應驗

倘不合生旺空堆祿馬貴人有何益哉所言太歲

三合總論錯不錯之應驗也

排星仔細看五行看自何卦生來山八卦不知蹤八卦

九星空順逆排來各不同天卦在其中

五行總在何卦中生不在干支中定所謂父母子息

也不知八卦跟蹤從何而來則九星無處排矣蓋星

卦之順逆各有不同卽此一卦入用或當順推或當

逆推有一定之氣而無一定之用所謂天下諸書對

不同也要而言之則玄空二字之義盡之矣

[直解] 何卦生蓋言何元之生旺何運之主張五行

者天心流轉之五行也天心流轉之機總在何卦

之所主何卦之所生仔細查准然後分陰陽定五

行則知何山當順推五行何山當逆挨九星若不

知何卦所生何卦所主之踪跡八卦九星豈非空

有耶卽此一卦用於此處當順用於彼處當逆用

於此時當順用於彼時當逆此乃天卦在中之所

使也

甲庚丙壬俱屬陽順推五行詳乙辛丁癸俱屬陰逆推

論五行陰陽順逆不同途須向此中求九星雙起雌雄

巽玄關眞妙處

此畧舉干神卦氣之例陽四干則順推八卦陰四干

則逆推八卦一順一逆雖不同途而此中有一定之

卦氣可深求而得者至其每卦之中皆有一雌一雄

變雙起之法乃陰陽交媾之關妙處也又不止一卦

有一卦之用而已舉八千而支神之法亦在其中矣

[直解]所言甲庚是求何地落何宮隨氣變易之甲

庚非東甲西庚之方位如拘於東西甲庚之方位

則二十四山宜有一定何來有時占陽有時喚陰

之更變耶占陽即陽喚陰即陰豈非九星雙起一

山兩用之元關耶

東西二卦真奇異須知本向水本向本水四神奇代代

著緋衣。

天玉經

可人堂

此節又重言向水各一卦氣兼收生旺之妙向上有
兩神水上有兩神故曰四神

直解 二卦者山有山之卦氣水有水之卦氣山有
山之用法水有水之用法也本向本水者水得本
元之水向得本元之向也向上有兩神水上有兩
神此謂四神此四神當在陰陽交會上推算不在
別處也水得本元之水自無上山之患山得本元
之山自無下水之病矣

水流出卦有何全一代作官員一折一代爲官祿二折

三代福三折父母其長流馬上錦衣遊馬上斬頭水出

卦一代爲官罷直山直水去無翻場務小官班

水不出卦須折折在父母本宮若折出本宮雖折而

後代不發矣馬上斬頭即一折父母便流出卦如斬

頭而去也本卦水又以曲折爲貴乃許世代高官若

止直流雖然本卦而官職早矣

[直解]此節專言曲水之吉凶水有一兩曲者有八

九曲者經云水曲則氣動水折則氣活水法雖以

曲爲吉然曲多則易犯出卦必須曲曲折折都在

三六九
三大卦作法舉
九三六畫法二

一氣之內一宮之間方爲上吉錦衣云者甚言曲
而不出之吉也如一曲一折便屬零正混淆陰陽
爽雜卽爲出卦亦有近水淸純遠水雜亂者亦有
遠水淸純而近水錯雜者亦謂之出卦自有一代
之應驗也所謂塲務小官者是言直來直去之應
驗也。

內傳下

乾山乾向水朝乾乾峯出狀元邖山邖向迎源水驟富
石崇比午山午向來堂大將值邊疆坤山坤向水坤

流富貴永無休。

此明玄空大卦向水兼收之法舉四山以例其餘皆

卦內之清純者也乾宮卦內之山作乾宮卦內之向

而收乾宮卦內之水則龍向水三者俱歸生旺矣非

同龍顧祖之說也或云狀元或云大將或云驟富者

亦錯舉以見意不可拘執

【直解】乾山者乾運卦內之山也乾向者乾運卦內

之向也乾水乾峯者水亦乾運卦內之水峯亦乾

運卦內之峯也然非坐水之說其訣可以一語破

卷三　天玉經

可久堂

辨得陰陽兩路行　五星要分明　泥鰍浪裏跳龍門　渤海

便翻身。

者向上水上之星即山上之星也。

陰陽兩路上文屢見。此重言以申明之耳。下二句言

變化之易、

直解　辨即辨玄空變易之陰陽辨清玄空變易之

陰陽自曉陰陽順逆之兩路矣。既識兩路再辨山

上水裏之宜忌氣運消長之得失陽水陰山之配

合兼貪兼輔之得宜自能一葬便與魚龍變化於

四神者兩坎兩
離迎向水各有
一坎離故曰本
向本水四神奇
然必推本來
龍方合三卦

卦裝清。

依得四神為第一。官職無休息穴中八卦要知情穴內

頂刻間也。

前篇本向本水四神奇是姑置來龍而但重向水此
節穴上八卦要知情又從穴上逆推到來龍以補四
神之不及穴上是龍穴內即向也

[直解] 依者承上文而言也上文專言向水上之四
神此節兼山向水而言也穴中指山穴內言水山
上水裏各有兩神故曰四神此四神先要曉得何

二〇一

山得何五行。何水得何五行。細細裝清方知山上、

得何兩神向首得何兩神水裏得何兩神如是可

得四神之提訣矣

要求富貴三般卦出卦家貧乏之寅申巳亥水來長五行

向中藏辰戌丑未卯金龍動得永不窮若還借庫富後

貧自庫樂長春

前篇甲庚壬丙一節是四正之卦此節又補四隅之

卦觀此則支水去來凶之言當活看不可死看矣辰

戌丑未雖俗云四庫其實玄空不重墓庫之說借壺

出卦也自庫不出卦也是重在出卦不出卦不重墓

庫也。

[直解] 寅申巳亥辰戌丑未俱屬四維之爻神五行、

即大元空九星五行卯金龍向中藏者是言水

裏龍神得與失也得爲動又謂自庫不得即謂出

卦又謂借庫借庫自庫不論水之去來總要得五

行生旺之氣不必拘於庫與不庫也〇時師一見

水來便云立某向收某方水來爲長生水到堂左

水到右者當立陽向如右水到左者當立陰向長

生官旺方水宜來衰病死絕方水宜去去處必須

辰丑戌未方便爲歸庫九州一例中外皆然深可

痛哉、

大都星起何方是五行長生旺大施相對起高岡職位

在學堂捍門官國華表起山水亦同例水秀峯奇出火

官四位一般看。

山在水一同論也、

此節言水上星辰卽山上星辰只要得生旺之氣在

直解此節言山上水裏左右功曹龍虎案托捍門

華表貴得生旺之氣在山在水一同論也

坎離水火中天過龍墀移帝座寶葢鳳閣四維朝寶殿

登龍樓罷刼弔殺休犯著四墓多銷鑠金枝玉葉四孟

裝金廂玉印藏

氣變者也

坎離水火一句乃一章之所重其餘星宿總是得生

旺則加之美名逢死絕則稱為惡曜名非有定星隨

氣變者也

[直解]中天過移帝座即江南龍來江北望之意其

餘星宿名非有定星隨氣變者也

帝釋一神定縣府紫微同八武倒排父母養龍神富貴

萬餘春。

帝釋丙也。八武壬也。紫微亥也。帝釋神之最尊故以

縣府名之其實陰陽二宅得此貴之極矣然其妙用

在乎倒排非正用也

[直解] 註云最尊最貴貴不在乎帝釋而貴在紫微

與八武同到也然其妙用在乎倒排非正排也所

云倒排即顛倒顛之倒排非左旋右到之倒排也

識得父母三般卦便是真神路北斗七星去打劫離宮

七劫﹝﹞三劫八
上元用七八運之
二二山下元用四九
運二二山
中元用一九運
用此者金在用
九星用零正收
生旺之氣放死
退之氣

要相合

上二句。引起下文之義言識得三卦父母已是真神

路矣。猶須曉得北斗七星打劫之法則三般卦之精

髓方得而最上一乘之作用也北斗云何知離宮之

相合即知北斗之義矣。

〔直解〕父母是經四位之父母三般是坎至巽巽至

兌兌至坎顛倒顛之三般知此顛倒顛玄空起父

母之三般便是大玄空之神路矣北斗者隨時立

極之氣也隨時立極之氣日往月來星移斗轉縱

辨正直解

卷二天玉經

橫顛倒。總由此而使然也七星者。由現在而逆推

到第七。此處五行正與立極之氣相反最易發

禍要相合者。要使發禍者變而為發福相反者轉

而為相合也。

子午卯酉四龍岡作祖人財旺水長百里佐君王水短

便遭傷。

　取子午卯酉以其父母氣旺也。言四正則四維可以

　例推矣水短遭傷以見出卦之故。

　[直解]四正之卦以地支為主四隅之卦以乾坤艮

巽為主山水二龍均以此為父母也。○此節專辨

山水二龍干支卦位之父母子息以辨力量之輕

重也、

識得陰陽兩路行。富貴達京城。不識陰陽兩路行。萬丈

火坑深

此卽顛顛倒之意皆上文所已言而詠嘆之。

[直解]此識得二字明明對習術者而言也識得卽。

識隨時而在之陰陽曉得隨在之陰陽陰陽二宅

自能得心應手名並管郭流傳千古也倘不識此

總見零神正
神為一宅秘要
蓋法具詳寶
興隆批

辨正直解 卷之三

訣胡行亂作火坑之深淺豈可窮其丈尺也哉。

前。兼。龍。神。前。兼。向。聯。珠。莫。相。放。後。兼。龍。神。後。兼。向。排。定。

陰。陽。算。明。得。零。神。與。正。神。指。日。入。青。雲。不。識。零。神。與。正。

神。代。代。絶。除。根。

龍。神。向。首。皆。有。兼。前。兼。後。之。法。兼。者。父。母。兼。子。息。、

息。兼。父。母。此。即。正。神。零。神。之。義。

[直解]前。兼。後。兼。即。顧。前。顧。後。之。意。前。兼。者。向。上。排

龍。也。向。上。既。得。生。旺。排。到。來。山。又。生。來。山。之。生。旺。

此。謂。之。前。兼。後。兼。者。山。上。排。龍。也。山。上。既。得。生。旺。

排到向首又生向首之生旺此謂之後兼前與後

零與正陰與陽總要排定何處得零何處得正分

別陰陽前後推算得失也

倒排父母是眞龍子息達天聰順排父母倒子息代代

八財退

父母子息皆須倒排而不用順排如旺氣在坎癸倒

排則不用坎癸而得眞旺氣順排則眞用坎癸而反

得殺氣矣似是而非毫釐千里玄空大卦千言萬語

惟在于此

[直解]註云、旺氣在坎癸、倒排則不用坎癸而得眞
旺氣者、讀者須從廉貞上去推求、順排則眞用坎
癸而反得其殺氣看五六不知到何卦位耳。

一龍宮中水便行子息受艱辛四三二一龍逆去四子
均榮貴龍行位遠主離鄕四位發經商

此節又申言本卦水須折折相顧若一折之後便出
本卦雖然得發必受艱辛矣必三四節逆去皆在本
卦乃諸子齊發也位遠卽出卦一出卦卽主離鄕若
出卦之後又還歸本卦反主爲商得財而歸其應驗

均榮貴龍行位遠主離鄕四位發經商

之不爽如此

（直解）一龍者、一節水也、一節之後、便流出卦子孫

雖發必受艱辛四三二一龍逆去者巽震坤坎逆

流而去也位遠離鄉言近水既流出卦畧遠又還

歸本卦兒孫自有此應。

時師不識挨星學只作天心摸東邊財穀引歸西北到

南方推老韻終日臥山中何嘗不易逢止是自家眼不

的亂把山岡覓。

東邊財穀二句託喻卽江南龍來江北望之義玄空

妙訣也嘆息世人不得眞傳胡行亂走盲哉言乎

[直解] 東引西歸北到南推二語眞靑囊之秘天王

諸書之奧矣老龍者是玄空運行之龍也玄空運

行之龍自有玄空尋覓之法反從山岡上去尋覓

何異刻舟求劍耶

世人不知天機秘洩破有何益汝今傳得地中仙玄空

妙難言翻天倒地更玄玄大卦不易傳更有收山出煞

訣亦兼爲汝說相逢大地能幾人個個是知心若還求

地不種德穩口深藏舌

地理辨正卷之三終

篇終述敘授受之意深戒曾公安之善寶之也結語
歸重于種德令之得傳者不慎擇人輕泄浪示恐雖
得吉地不能實受其禍矣而泄天寶者重遺先師之
戒其不干造物之怒而自取禍咎者幾希矣

直解 此法造物之所忌先師之所秘恐人輕洩故
於篇終特又叮嚀教戒之耳穩口穩口無取災禍

地理辨正卷之四

雲間蔣平階大鴻補傳　　門人　會稽姜　垚參定

　　　　　　　　　　無心道人增補　　　直解

都天寶照經　唐楊益筠松著

　　上篇

楊公妙應不多言。實實作家傳人生禍福由天定賢達

能安命貧賤安墳富貴興全憑龍穴眞龍在山中不出

山掛在大山間若是沙曲星辰正收得陽神定斷然一

葬便興隆父發子傳榮。

之穴。

蔣氏曰。此一節專論深山出脉。老龍幹氣生出嫩支

[直解]此節論深山老龍幹氣。專取嫩枝之法。謂既

得嫩枝。再求真穴情形。再看主山端正峯巒秀美。

神氣充足。砂水朝歸。再兼用法處處得宜自有一

葬便興之應。龍在山中不出山。掛在大山間者此

言老幹抽出嫩枝之情狀也。

好龍脫却出平洋。百十里來長離祖離宗星辰出此是

真龍骨前途節節出見孫文武脉中分直見大溪方住

手諸山皆不走個個回頭向穴前城郭要周完水口亂

石堆水中此地出豪雄若得遠來龍脫刦發褊無休歇。

穴見陽神三摺朝此地出官僚不問三男非五子富貴

房房起津湖溪澗同此看衣祿榮華斷大水大河齊到

處千里來龍住水口羅星鎖住門似大將屯軍落頭定

有一星形非火土郎金正脉落平三五里見水方能止

二水相交不用砂只要石如麻更看硤石高山鎖密密

來包裹此是軍州大地形細說與君聽

蔣氏曰此一節專言大幹傳變行龍盡結之穴謂之

脫卸龍。又名出洋龍。雖云城郭要周完。總之城郭都

在龍身上見。不必于穴上見。蓋龍到脫卸出洋。雖眾

山擁衛而行。前數節羣支翼張羽儀簇簇。至于幾經

脫卸之后。近身數節將結穴時。龍之踪跡愈變而龍

之機勢愈疾。此非左右二砂所能幾及。往往龍只單

行。譬之大將匹馬單刀所向無前。一時偏裨小校都

追從不及。所以有不用砂之說也。高山不甚重水獨

此等龍穴以水爲證者何與山剛水柔水隨山之行

以爲行山不隨水之止以爲止而云直見大溪方住

者非謂山脉遇水而止也正因山脉行時水不得不
與之俱行則山脉息時水不得不與之俱息故幹龍
大盡之地自然兩水交環有似乎千里來龍遇水而
止也既云不用砂而又云密密包裹者何也夫結穴
之處雖不取必于兩砂齊抱要之真龍憩息之際定
不孤行外繈夾輔隱隱相從水口星辰有時出現大
爲硤石小爲羅星近在數里遠之二三十里皆不可
拘前所謂砂指本身龍虎而言後所謂鎮指外護捍
門而言此只要石如麻則不止謂水口而已正言本

身結穴之地蓋幹龍剝換數十節其渡水崩洪穿田過硤不止一處若非石骨龍行何以見真龍結體今人平地墩阜惑認來龍指為大地正坐此弊也凡去山數里即有高阜或由人工或出天造旣無真脉相連又不見石骨稜起總不謂之龍穴所以落平之龍必要石如麻也有石脉乃為真龍有石穴乃為真穴山龍五星皆結穴其云落頭一星獨取火土金者大約近祖支龍宛蜒而下都結水木出洋幹結踞躍而起都作火土金雖不可盡拘而大體有如

是者前章一葬便興父發子榮是言山中支結龍�互

而局窄往往易發此章言發福無休歇五子房房起

是言出洋大盡龍老而局寬往往遲發而久長意在

言表也

姜氏曰前章言山谷初落之穴此言出洋盡結之穴

山龍之法雖不盡于此而大畧已備于此矣

上節言老龍幹結此節言出洋盡結大凡龍

氣落平穿江渡河脫卸淨盡再起星峯者謂之脫

劫又名出洋氣勢踴躍千變無窮難於言狀只可

言其大槩情形耳。

天下軍州總住空何曾撑著後頭龍只向水神朝處取

莫說後無主立穴動靜中間求須看龍到頭

蔣氏曰此節以下皆發明平洋龍格與山龍無涉矣。

楊公唐末人唐之言軍州猶今之言郡縣也盖以軍

州為證見城邑鄉村人家墓宅凡落平洋並不論後

龍來脉但取水神朝繞便為真龍憩息之鄉夫地靜

物也水動物也水之所止即是地脉所鍾一動一靜

之間陰陽交媾雌雄牝牡化育萬物之源所謂玄竅

相通卽丹家玄關一竅也此便是龍之到頭非令陰

陽交會之所而別尋龍之到頭也識得此竅則知平

洋眞龍訣法而楊公寶照之秘旨盡矣有口訣

看龍到頭

直解 動靜二字其說有三一山形水勢有陰陽動

靜之分一干支卦位有陰陽動靜之分一天主動

地主靜天地有陰陽動靜之分一天主動卽其至動

之中亦有四時往來陰陽動靜之分地主靜卽其

至靜之中亦有起伏行止陰陽動靜之分天以靜

而生地以動而成曉得至動之中有靜至靜之中

有動看龍到頭之法過半矣。立穴之法亦過半矣。

所云到頭者。非山之到頭。又非水之到頭。正謂玄

空生旺到。到水謂之到頭也。此到頭二字乃空龍之

妙訣。當默默識之。○隨時變易顛倒無定者謂之

動。止蓄團聚于支純粹謂之靜。靜者安定于下。動

者流行于上。觀其靜與動。氣與質相配相得之處。

便是到頭訣。往云另有曰訣。大畧如是。

楊公妙訣無多說。因見黃公心性拙。全憑掌上起星辰。

類聚裝成爲妙訣。大山喚作破軍星。五星所聚脉難分。

但看出身一路脉到頭要分水土金又從分水脉脊處。
便把羅經照出路節節同行過峽眞前去必定有好處。
子字出脉子字尋莫教差錯丑與壬若是陽差與陰錯。
勸君不必費心尋。

蔣氏曰自此章以下皆楊公平洋秘訣字字血脉而
又字字隱謎非眞得口口相傳天機鈐訣者未許執
語言文句方寸羅經而妄談二十四山八卦九星之
理也苟得口傳心受則雖愚夫稺子可悟楊公心訣。
不得口傳心受縱智過千夫讀破萬卷何能道隻字

耶此書乃楊公當日裝成掌訣傳與黃居士妙應者。

大山喚作破軍星言水法渙散迷茫之處五星混雜。

出脉未見分明槩名之曰破軍而不入龍格只取龍

神一路出身之脉其脉又分水土金三星合貪巨武

為吉而餘星皆所不取此三星者乃形局之星非卦

爻方位之貪巨武也學者切莫誤認自分水脉脊以

下乃屬方位理氣矣故云便把羅經照出路也蓋看

得水神龍脉旣合三吉星格其地似可取裁乃將指

南辨其方位以定卦之合不合也合卦則用之不合

卦仍未可用也節節同行卦無偏雜乃許其爲過脉
峽眞而知前去定有好穴不然則行龍先見駁雜到
頭何處剪裁子字以下乃直指看龍訣法而舉坎卦
一卦爲例若出脉是子字須行龍只在子字一宮之
內乃爲卦氣清純如偏于左而癸與丑雜是子癸一
卦而丑字又犯一卦也如偏于右而壬與亥雜是壬
子一卦而亥字又犯一卦也此爲卦中之陽差陰錯
非全美之龍故云不必費心尋也

[直解]水法渙散之處五星混雜卦爻錯亂最難分

辨只要貼身小水引動龍神有干流萬派都歸此

小水之情狀者卽是一路出身脉也此水之星體

情形方位干支曲直動靜須辨合與不合星體合

吉則用之不合則不必用之所謂子字出脉子字

尋、總言看龍之法理氣之要稍有不合卽是陰差

陽錯之龍矣、

子癸午丁天元宮卯乙酉辛一路同若有山水一同到

半穴乾坤艮巽宮取得輔星成五吉山中有此是眞龍

蔣氏曰此承上節羅經照過峽詳言方位理氣卽天

玉空大卦之作用也其法分子午卯酉爲天元宮

寅申巳亥爲人元宮辰戌丑未爲地元宮隱然天元

之妙理引而不發欲使學者得訣方悟其敢妄泄天

秘犯造物之忌哉此取四仲之支爲天元宮者非此

四支皆屬天元乃謂此四支之中有天元者存也而

其本支又不正言子午卯酉乙辛丁癸必錯舉子癸

午丁卯乙酉辛者此其立言之法已備出脉審峽定

卦分星之密旨觀一路同三字同中微異須加剖別

巳在言外下文乃全露其機云此八宮同到半岔乾

坤艮巽宮矣。一同到。非謂此八宮一同到也。亦非謂

八宮之山與八宮之水一同到也。謂此四支中任舉

一支。與此四千中一千比肩同到。即雜乾坤艮巽之

氣矣。蓋子午卯酉本是四正之龍而與八支同到。即

而非純乎天元矣。末二句輔星五吉指天元宮最親

有一半四隅之龍不可不辨辨之不清則欲取天元

者言蓋天元龍雖包諸卦而九星止有三吉恐日八

發洩太盡末肩衰微故須兼收輔弼宮龍神合氣入

穴以成五吉然後一元而兼兩元龍力悠遠不替矣

故目之曰眞龍極其贊美之辭也此節言山者皆指

水蓋平洋以水爲山水中卽有山矣輔星卽是九星

中左輔右弼蓋有二例一則九宮卦例以一白配貪

狼二黑配巨門三碧配祿存四綠配文曲五黃配廉

貞六白配武曲七赤配破軍八白配左輔九紫配右

弼此天玉經玄空大卦之定理也一則八宮卦例將

輔弼二星并一宮分配八卦製爲掌訣二十四山系

於納甲之下互起貪狼爲立向消水之用陽宅天醫

福德亦同此訣竊以之彰往察來皆無明驗蓋卽天

玉所辨二十四山起八宮唐一行所造後人指為滅

蠻經者也。二說真偽判然不可誤認五吉即三吉蓋

形局九星以水土金三星為貪巨武三吉而輔弼為

入穴收氣之用方位九星亦有三吉雖以貪狼統龍。

而每宮自有三吉不專取巨武此節天元宮兼輔為

五吉中有隱語非筆墨所敢盡既云五吉則分輔弼

作兩星以配九宮其非八宮之訣明矣若在人地兩

元別有兼法見諸下文此節以下所舉干支卦位俱

蔣隱謎若從實推詳不啻說夢非楊公言外之真旨

[直解]註云、輔星天元宮之最親者、其言微乎妙乎。

使人不易測識耳楊公又云山中有此是眞龍明

明指我在水中又不在天元之水中正在天元最

親最近之水中然取于六八者非也。所云一同到

者一宮之水全到也。細玩其子癸午丁卯乙酉辛

輔弼已在言外矣同到。即巳丙亥壬申庚寅甲丁

未癸丑乙辰辛戌之同到。則卦爻雜亂陰

陽差錯吉中有凶不成美器矣差錯之所雜亂之

方須挨輔星以補之。是輔星雖非當令之星亦能

先時補救化凶而為吉者也。所云取得輔星即此

之謂歟。

辰戌丑未地元龍乾坤艮巽夫婦宗甲庚壬丙為正龍

脉取貪狼護正龍。

蔣氏曰此取四季之支為地元龍者亦謂此四支。

有地元龍者存也此四支原在乾坤艮巽卦內故曰

夫婦宗此元氣局逼隘不能兼他元為五吉止取貪

狼一星真脉入穴護衛正龍根本則卦氣未值其根

不搖卦氣已過源長流遠斯爲作家妙用貪狼卽在

甲庚壬丙之中故但于此取正向乘正脉與天人兩

元廣收五吉者有殊不言輔星輔弼已在其中故也

楊公著書泛論錯舉之中其金針玉線一絲不漏蓋

如此

直解 地元卽下元逼隘非形局之逼隘氣運

之逼隘故不曰五吉而曰護正龍卽八九一之

謂也然在此時不曰五吉者何也謂下元未盡令

星弗得弗用上元將交貪又弗得弗用若兼巨武

而為五吉則吉凶參半非但不能為福適足致禍。

所謂凶多者凶勝吉也豈非與天人兩元取五吉

者有殊作家不可不辨。

寅申巳亥人元來乙辛丁癸水來催。更取貪狼成五吉。

寅坤申艮御門開巳丙宜向天門上亥壬向得巽風吹。

蔣氏曰此四孟之支亦屬四隅卦此四卦中有人元

龍者存也天元之後卽應接人元楊公因三才三正

之序顛倒錯列亦隱秘其天機使人不易測識耳此

元龍格亦必兼貪狼而後先榮後凋若不兼貪狼虛

其發遲而驟歇矣用乙辛丁癸水催之者謂此四水
宁有貪狼也此宮廣大兼容故旁及坤艮亦所不礙
故曰御門開若是已丙壬亥相兼則犯陰陽差錯之
龍矣法宜去丙就巳去壬就亥以清乾巽之氣此則
專爲人元辨卦而言處處欲要歸一路蓋一路者當
時直達之機兼取者先時補救之道不直達則取勝
無先鋒不補救則善後無艮策二者不可偏廢也總
觀三節文義子午卯酉配乙辛丁癸辰戌丑未配乾
坤艮巽爲夫婦同宗而寅申巳亥獨不配甲庚壬丙

鄧天寶照塑

爲夫婦。則其本意不以甲庚壬丙屬寅申巳亥可知

矣。此正合天玉大五行作用而非十二支配十二干

爲一路之俗說也。故不曰寅申坤艮而曰寅坤申艮

非以寅爲坤以申爲艮也。巳屬巽而反曰天門亥屬

乾而反曰巽風。顚倒裝成其託意微而且幻。類如此

至其立言本旨不過隱然說出陰陽交互之象然篇

中皆錯舉名目不肯分明至後節主客東西方露出

端倪而終不顯言先賢之兢愼如此使我有浪洩天

譏之懼矣。

直解人元自有人元合運之山水自有人元合運
之星辰體用俱合人元僅有三吉四吉此云五吉
者何也謂當時直達之星辰已得再取貪狼一星
合成五吉以補悠遠用法之至要者也乙辛丁癸
水來催者非謂此四水盡屬人元又非謂有此四
水即是貪狼正謂在是元用是山收是水或丁或
乙或癸或辛有得貪狼者在耳御門開即兼通出
卦之意蓋申與庚巳與丙亥與壬俱屬貼鄰易犯
差錯之宮或巳出於丙告我向之以天門亥或雜

只可以
來不可親其
巳往此亦兼
之一歟也

貪狼原是發來遲坐向穴中人未知立宅安墳過兩紀

輔全在作者隨時兼取隨地變通耳

兼法俱要隨時酌量宜兼貪則兼貪宜兼輔則兼

取地元又非純乎地元蓋謂此也總觀三節文義

不一吉凶參半註云欲取天元而非純乎天元欲

再將先時補救之策或兼貪或兼輔多兼則元運

兼貴在各乘其時耳先將當元之令星用得安妥

著。明至矣盡矣。輔亦可兼弼亦可兼諸星亦可

于。壬又令吹之以巽風楊公敎人補救直達深博

方生貴子好男兒。

蔣氏曰貪狼諸卦之統領。得氣先而施力遠。何云發遲。此言人地兩元兼收之脈不當正卦傍他涵蓄故力不專是以遲也兩紀約畧之辭生貴子正見誕育賢才以昌世業隱含悠久之義非若他宮一卦乘時催官暫發之比若夫應之遲速是不一端烏可執此為典要也。

[直解]上數節言人地兼貪最易發福、此云發遲者、何也謂貪狼雖非人地兩元主運之星却能補偏、

救弊先榮後凋故曰遞也坐向言坐山向首之排

龍也坐山向首之排龍或排貪狼到山或排到向

首或排到水口三叉奇峯貴砂定主產賢才昌世

業發福無休無歇也

立宅安墳要合龍不須擬對好奇峯主人有禮客尊重

客在西兮主在東

蔣氏曰山龍眞結必對尊星而後出脉或迴龍顧祖

或枝幹相朝先有主峯乃始結穴故必以朝山爲重

非重朝山正重本身出脉眞僞也平洋旣無來落但

以水城論結穴。水自水。山自山雖有奇峯並非一家

骨肉向之無益故只從立穴處消詳堂局收五吉之

氣謂之合龍而不以朝山爲正案也末二句乃一篇

之大旨精微玄渺之譚所謂主客又不止於論向而

指龍爲主人向爲賓客也主客猶云夫婦實指陰陽

之對待山水之交媾一剛一柔一牝一牡玄竅相通

皆在於此言有此主便有此客有此客便有此主

客雖云二物實一氣連貫如影隨形如谷答響交結

根原一息不離非謂既有此主乃更求賢賓以對之

也。東西益舉一方而言亦可云主在
可云主在北兮客在南主在南兮客在西兮客在東亦
無不皆然所謂陰陽顛倒顛也自天下軍州至此統
論平洋龍法其中卦位干支秘訣總不出此二語故
于結尾發之以包舉通篇之義學者所當潛思而曲
體之者也。

姜氏曰寶照發明平洋龍格開章直喝天下軍州總
坐空何須撑著後頭龍大聲疾呼朗吟高唱此爲楊
公撰著此書通篇眼目振綱挈領之處不可泛泛讀

二四六

過益平洋龍格舉世所以茫然者只因俗師聾瞽將

山龍溷入無從剖辨觸處成迷也平洋之作法既迷

并山龍之眞格亦謬失其一并害其二矣楊公苦心

喝此二語醒八千古大夢使知平洋二宅不論坐後

來脉凡坐空之處反有眞龍坐實之處反無眞龍與

山龍之胎息孕育截然相反欲學者從此一關打得

透徹更不將剝換過峽高低起伏馬跡蛛絲草蛇灰

線等字纏擾胸中只在陰陽大交會處悟出眞機而

后八卦九星干支方位以次而陳絲絲入扣平龍消

郗天寶照經

可久堂

息始無望漏之虞平龍既無望漏而山龍亦更無望

漏矣倘不明此義只將後龍來脉膠葛糾纏則造化

眞精何從窺見雖授之以八卦九星之奧亦無所施

也窮年皓首空自芒芒高山平洋總歸魔境我于是

益嘆楊公度人心切也後篇所以覆舉二語重言以

申明之意深切矣

此篇前十二句為一章言深山支龍之穴中三十四

句為一章言幹龍脫殺出洋之穴此二章皆屬山龍

後四十六句分七節為一章言平洋水龍之穴

直解　山龍看主山朝案以辨龍體之眞僞平洋對
三义察血脉以認來龍之得失山洋一定不易之
法也要合龍者觀九曜之合不合也奇峯者尖秀
挺拔之峯也合元微則對之不必對之所
云主東客西則陽水陰山顛倒顛之義主人有禮
者龍眞氣旺也龍果眞氣果旺前後左右輔從則
加之美名如龍微氣衰雖有奇峯貴砂即改為惡
曜所以本主興隆殺曜變為文曜龍身微賤牙刀
化作屠刀卽此之謂也。○已上數節都屬半含半

吐但吞吐之間有深意存焉、讀者當細心參考、自

有所得也、

中篇

天下軍州總佳空。何須撑著後來龍。時人不識玄機訣。

只道後頭少撑龍。大凡軍州佳空龍便與平洋墓宅同○

州縣人家佳空龍千軍萬馬悉能容分明見者猶疑慮。

龍不空時非活龍敎君看取州縣塲盡是空龍撥擺蹤○

莫嫌遠來無後龍龍若空時氣不空兩水界龍連生窟○

穴得水兮何畏風但看吉來卿相地平洋一穴勝千峯○

蔣氏曰天下軍州二語前篇已經喚醒楊公之意猶
恐後人見不真信不篤故反覆咏嘆層層洗發窮追
到底罄其所以然之故又恐躲說軍州大勢尚疑人
家墓宅或有不然故指實而言軍州如是墓宅亦無
不如是只勸世人揀擇空龍切勿取實龍作撐也所
以然者何也山龍只論脉來平洋只論氣結空則水
活而氣來融結實則障蔽而生氣阻塞肉眼但見溝
澮平田毫無遮掩疑為坐下風吹散氣之地不知水
神界抱陽氣冲和平洋之穴無水則四面皆風有水

則八風頓息所謂氣乘風則散界水則止古人之言

正爲平洋而發也

直解 楊公恐人不信空龍之說特引州縣城池爲

証然州縣城池未必盡屬後空人家墓宅亦非以

坐空爲是坐實爲非只要坐空得坐空之五行坐

實得坐實爲實之五行方合龍空氣不空龍實氣不

之妙用中言得水承上文龍空氣不空龍實氣不

實而申言之也此謂得者非以左右有水謂得亦

非以前後有水謂得以所有之水得挨星生旺謂

得也。

子午卯酉四山龍。坐對乾坤艮巽宮。莫依八卦陰陽取。

陰陽差錯敗無窮。百二十家渺無訣。此訣玄機大祖崇。

來龍須要望龍穴。後若空時必有功。帝座帝車竝帝位。

帝宮帝殿後當空。萬代侯王皆禁斷。子今隱出在江東。

陰陽若能得遇此。蚯蚓逢之便化龍。

蔣氏曰此明八卦之理。卽前子午卯酉屬坎離震兌

四卦乾坤艮巽又四卦之義也。所謂坐對非指山向。

蓋四正卦與四隅卦兩兩相對故云然也。八卦陰陽

辨正直解　　卷之四

者指八卦五行以乾卦領震坎艮三男而屬陽。坤卦
領巽離兌三女而屬陰。此先天之體非後天之用以
之論陰陽則差錯而敗不勝言矣。譚陰陽者百二十
家皆此是彼非渺無真訣惟有玄空大卦乃陰陽五
行大祖宗聖聖相傳非人勿示也。識得此訣雖帝王
大地瞭若指掌特禁秘而不敢言耳。楊公自言旣得
至道不敢炫耀於世故披褐懷玉抱道無言然天寶
雖秘惜而救世之心未嘗少懈曾于天玉經江東一
卦諸篇隱出其旨世之好陰陽者有緣會遇信而行

之頂刻有魚龍變化之徵也或云楊公得道之後題

光晦跡背其鄉井隱於江東俟考。

[直解]子午卯酉指地之四正而言乾坤艮巽。指空。

之四維而言非必拘定要坐對乾坤之位只要玄

空坐對二四六八。便是陰陽二宅若能合此玄機。

自有魚龍之變化。下文辰戌丑未甲庚壬丙。即此

意也。○地氣南北不同山洋迥異即性之剛柔氣

之老嫩亦隨處而各別者也切不可拘泥有誤天

地生成之妙也。地有相去數郡高卑無二者亦

有相去數里厚薄迥異者亦有相去數步而老嫩

懸絕者總要隨地取裁不可執一即坐水向水後

空後實亦要各得其宜爲妥切不可拘泥後空爲

是後實爲非亦不可拘拘後高爲是後空爲非要

要隨地適宜高低各得爲是所謂泥於古者必不

能愈今疾拘於方者決不能治遠人即此之謂歟

子午卯酉四山龍支兼干出最豪雄乙辛丁癸單行脉

半吉之時又半凶坐向乾坤艮巽位兼輔而成五吉龍

蔣氏曰此皆楊公隱謎舉四正爲例若行龍在子午

卯酉四支長流不雜兼帶干位總不出本卦之內

其脉清純故云最豪雄也若乙辛丁癸雖屬單行未

免少偏即犯他卦所以言吉凶參半也言子午卯酉而

乾坤艮巽不外是矣言乙辛丁癸而甲庚壬丙不外

是矣辨龍既清乃於諸卦位中隨便立向則又以方

圓為規矩而未嘗執一者也

直解 此四卦重支之卦支兼干出即子癸午丁卯

乙酉辛若乙辛丁癸而無子午卯酉兼出者即謂

之單行脉也單行之脉稍有一偏即出他卦行龍

出卦恐生旺不一吉而無定所云坐向乾坤者、非

必拘定坐向乾坤之位只要天元取輔人地兼貪

全收五吉之氣也單行之脉雖易出卦有心者倘

只要用得五吉合得三星其吉更勝于一卦清純

遇此種來龍來脉龍穴真的者切莫棄而不取也

者矣

辰戌丑未四山坡甲庚壬丙葬墳多若依此理無差謬

清貴聲名天下無爲官角有起身路兒孫白屋出登科

八卦不是真妙訣時師休把口中歌敗絕只因用卦差

何見依卦出高官陰山陽水皆眞吉下後見孫禍百端

小若朝來須得水莫貪遠秀好峯巒審龍若依圖訣非

官職榮華立可觀

蔣氏曰此指四隅龍脉而言而舉辰戌丑未爲隱謎

也謂此等行龍而取甲庚壬丙向者甚衆必須龍法

純全向法合吉毫無差謬而後淸貴之名卓于天下

也起身路正指來龍之路八卦本是眞訣而誤用則

禍福顚倒故云非妙訣後章八卦只有一卦通乃始

微露消息矣收水之法向云陽用陰朝陰用陽應乃

卦理至當不易之言而竟有陰山陽水陽山陰水反

見災禍者則辨之不眞陽非陽而陰非陰也得水二

字世人開口混說然非果識天機秘旨收入玄竅之

中雖三陽六建齊會明堂虎抱龍迴涓滴不漏總未

可謂之得若知得水眞訣卽陰陽八卦之理示諸斯

乎莫貪遠秀好峯卽上篇已發之義致其可寧之意

云爾

〔直解〕甲庚壬丙是隨時變易之甲庚壬丙非四維

八千不易之甲庚壬丙讀者切莫誤認此理云

者是山上水裏陰陽相配之理也山上水裏果能
交之以陽配之以陰清貴聲名自然流傳天下八
卦九星本是真訣而此獨非者何也申言板格之
非也在地爲八卦九宮在天創是北斗九星隨氣
流行隨時變易往來無定者也拘拘於呆法變易
者反以爲不易無定者執以爲有定所謂陽者非
陽陰者非陰故謂之不真所謂得水者非諸家五
行之所謂得又非上元必須離水下元必須坎水
之所謂得也此所謂得者是立空之得謂得也夫

都天寶照經

辰戌丑未是四維八干不易之定位甲庚壬丙是

周流六虛隨時而在之甲庚壬丙一空一實必須

揣摩而得有形之質靜而不移無形之氣動而不

息一動一靜一陰一陽相為表裏一往一來一山

一水兩相配合官職榮華自能立見矣

玄機妙訣有因由向指山峯細細求起造安墳依此訣

能令發福出公侯真向支山尋祖脉干神下穴永無憂

寅申巳亥騎龍走乙辛丁癸水交流若有此山并此水

白屋科名發不休昔日孫鍾阡此穴從此聲名表萬秋

蔣氏曰通篇皆言平洋此章乃插入山峯者何也蓋

八卦九星乃陰陽之大總持故凡有山之水可以不

論山而有水之山不能不論水若遇山水相兼之地

未可但從山龍而論還須細細尋求亦必合此玄空

大卦之訣而后墓宅產公侯也祖脉必要支山蓋從

四正而論下穴立向則不拘干支矣此祖脉乃玄空

之祖脉非山龍之來脉也讀者切勿錯認寅申巳亥

乙辛丁癸俱屬易犯差錯之龍故曰騎龍走水交流

爻有殊義無別此山此水而科名不歇者不犯差錯

故也。孫鍾墓在富陽天子崗本山龍而收富春江長

流之水故引為證。

[直解]上四句言體用兼到之妙、中二句、承上文而

言祖脉此祖脉非太祖少祖山龍之來脉又非干

支公孫子母之祖脉此祖脉乃玄空之祖脉所謂

天心是也數語當細細察之如乙辛丁癸寅申巳

亥卽上文所謂甲庚壬丙辰戌丑未之意時師都

謂此山此水易犯差錯之龍皆棄之不取不知此

山此水亦有發福者特引孫鍾墓為證經云八方。

位位有真龍爻象干支總一同益謂此也

來龍須看坐正穴後若空時必有功州縣官衛爲格局

必然清顯立威雄范蠡蕭何韓信祖乙辛丁癸足財豐

亥壬聳龍與祖格巳丙旺相一般同寅申巳亥等五吉

乙辛丁癸四位通紫緋畫錦何榮顯三牲五鼎受王封

龍囘朝祖立字水科名榜眼及神童後空巳見前篇訣

穴要窩鉗脉到宮試看州衙及臺閣那個靠著後來龍

砂揖水朝爲上格羅城擁衛穴居中依圖取向無差誤

不是王侯卽相公

蔣氏曰後空之旨屢見篇中而此章又反覆不已者

蓋後空不但無來脉而已并重坐下有水乃謂之活

龍擺撥而成真空有氣也故首句云坐正穴實指穴

後有水取為正坐也古賢舊蹟往往如此遍地鉗所

謂杜甫盧仝李白祖此又引范蠡蕭何韓信總合此

格下列諸干支言不論是何卦位只要合得五吉收

歸坐後發福如許爾故下文卽接回龍朝祖立字水

分明指出前朝曲水抱向穴後乃回龍顧祖之格也

神童黃甲必可券矣篇中又自言後空之訣已見前

辨正真解

卷二　都天寶照經

篇然恐人誤認只取坐後無來脈便云有氣不知穴

後必須水抱成窩鉗之形而後謂之到宮若但云空

耳非坐水之空空何貴焉砂揖水朝羅城擁衞皆就

水神而論穴正居中指坐穴也此節直說出王侯將

相大地局法非泛論也

　直解　上節言山龍干神坐實之法此節言平洋五

　吉坐空之奧一山一水一空一實申言坐空坐實

　用法之不同也然後空之說前已詳言此又重言

　者何也恐人誤認不察水之幹枝向背也穴後之

雪心正解　　卷之四

水必要枝流拱向得神抱繞有情再坐之以五吉

此卽謂正穴又謂到宮所云巳丙亥壬總言不論

是何卦位是何千支只要合得五吉毫無差謬神

童黃甲卿相公侯有得之若操券者矣楊公恐人

不信特引蕭韓祖墓爲證坐正穴者卽不偏不倚、

不上不下不浮不沉之謂也後空非以穴後有水

謂空用法水弗得卽謂空如穴後有水而金龍到

頭此謂龍空氣不空所謂脉到宮者卽此意也、

天機妙訣本不同八卦只有一卦通乾坤艮巽躔何位。

乙辛丁癸落何宫甲庚壬丙來何地星辰流轉要相逢。

莫把天罡稱妙訣錯將八卦作先宗乾坤艮巽出官貴。

乙辛丁癸田庄位甲庚壬丙最爲榮下後兒孫出神童。

未審何山消此水合得天心造化工。

蔣氏曰一部寶照經不下數千言皆半含半吐至此

忽然漏泄盡陰陽大卦不過八卦之理而篇中乃云

八卦不是眞妙訣者正爲不得眞傳不明用卦之法

故也而其所以不明用卦之法者皆因泛言八卦而

不知八卦之中止有一卦可用故也大五行秘訣不

過能用此一卦即從此一卦流轉九星便知乾坤艮

巽諸卦落在何宮二十四干支落在何宮而或吉或

凶指掌瞭然矣俗師不得此訣妄立五行有從四墓

上起天罡以為放水出煞之用如何合得八卦之理

夫收得山來乃出得煞去不知一卦作用山既無從

收一卦不收諸卦干支叉何從流轉九星求純棄駁

而消水出煞乎今人但知二十四山處處可出官貴

處處可旺田庄處處可出神童而不知二十四位水

路交馳果下何卦收何山乃消得此水出得煞去夫

不能收山出煞則其談八卦論干支皆胡言妄說
而已何以契合天心而造化在手也天心即天運非
善人合天之家不能遇也大五行所謂一卦即指天
心正運之一卦也篇中露此二字其間玄妙難以名
言楊公雖指出天心一卦之端而其下卦起星之訣
究竟未嘗顯言則天機秘密須待口傳不敢筆之于
書也

姜氏曰篇中八卦干支縱橫錯舉原非實義細玩此
節何位何宮何地等句即知經文皆屬活句非死句

也我師于前篇註中切戒學者毋得執定方位意在

此爾凡讀楊公書者當知此意非獨寶照而已天玉

青囊無不皆然

[直解] 一卦者、一元一卦即天心正運之一卦也能

用此一卦則知乾坤艮巽落在何宮二十四于支

躔在何地或陰或陽或順或逆或左或右指掌瞭

然矣不識此卦誤認五行八長生四墓庫左旋右

轉以為放水出殺之用不亦謬乎知此一卦即知

收得山來出得殺去不知此一卦則談八卦論干

支皆糊言妄語而已豈能契合天心挽囬造化哉。

五星一訣非眞術城門一訣最為良識得五星城門訣。

立宅安墳定吉昌堪笑庸愚多慕此妄將卦例定陰陽。

不向龍身觀出脉又從砂水斷災祥筠松寶照眞秘訣。

父子雖親不肯說若人得遇是前緣天下橫行陸地仙。

蔣氏曰前章既言一卦下穴收山出煞之義此章又

直指城門一訣楊公此論眞可謂披肝露膽矣蓋五

星之用其要訣俱在城門識得城門而后五吉有用

于此作二宅無不興隆者矣城門一訣與龍身出脉

正是一家骨肉精神貫通能識城門乃能觀出脉能

觀出脉便能識城門故笑世人不識此秘而妄談卦

例從沙水上亂說災祥也此以下皆楊公鏤精換髓

之言得此便是陸地神仙父子不傳夫亦師傳之禁

戒如是豈敢違哉

〔直解〕察血脉認來龍對三义細認踪種種要訣所

重在城門識得城門卽識龍來何脉矣城門卽水之

交會處關繫禍福之所令星緊要之處須得五吉

三星補救直達斯爲盡善城門得城門之用法再

合兼貪兼輔之妙兩美相合立宅安墳造化自在

掌握矣

世人只愛週週好不知水亂山顚倒時師但云講八卦。

却把陰陽分兩下陰山只用陽水朝陰水只用陽山收。

俗夫不識天機妙。自把山龍錯顚倒胡行亂作害世人。

福未到時禍先到

蔣氏曰道德不云乎。常無欲以觀其妙。常有欲以觀

其竅此正丹家所謂玄關一竅大道無多只爭那些

子故曰不離這個人身有此一竅天地亦有此一竅

地理家須識此陰陽之竅今人只愛週週好而不知

那些子些子合得天機週週不好亦好些子不合天

機週週雖好皆無用矣陰山陽山陰水陽水皆現成

名色處處是死的惟有那些子是活的些子一變陰

不是陰陽不是陽陰可作陽陽可作陰故曰識得五

行顛倒顛便是大羅仙世人不諳天機誤將山龍來

脉牽合平洋理氣執定板格陰陽反成差錯乃真顛

倒也本欲造福反以賈禍楊公所爲惻然于中而有

是書也

〔直解〕週週言前後左右、前後左右龍穴砂水好不

好、人人知之。如上山下水顚倒錯用時師從何窺

見。且執定板法。如山從右轉者水必宜左轉山從

左旋者水必宜右到以山峒尋龍尋脈之去混入

乎平洋理氣禍之先到不亦宜乎註云那些子

三字指挨星生旺而言城門得生旺雖週週不好、

亦吉如城門不得生旺週週雖好皆無用矣隨氣

變遷卽是那些子氣化流行物換星移亦是那些

子所謂關竅者卽此意也。

陽若無陰定不成○陰若無陽定不生○陽水陰山相配合○

兒孫天府早登名

蔣氏曰、此節并下節尤爲全經傾囊倒篋之言。而泛

泛讀過則不覺其妙益擧平洋龍法穴法收山出煞

八卦干支之理一以貫之矣。孤陽不生獨陰不育此

雖通論而大五行秘訣只此便了學者須在山水配

合上著眼所謂配合自然配合非尋一箇陽以配陰

尋一個陰以配陽也。水即是陽山即是陰陰即是山

陽卽是水故只云陽水陰山而不更言陰水陽山知

此者可與讀寶照經矣知此者亦不必更觀寶照經

矣

直解 陰陽、即來者為陽往者為陰之陰陽也陰山

陽水者當用將來之氣挨入水中已往之氣裝在

山上即為陽水陰山此陰陽是氣運消長之陰陽

非干支卦爻之陰陽又非左到右到之陰陽又非

上元必須離水下元必須坎水之陰陽又非以來

水為陽去水為陰之陰陽也參透此關方知生成

配合之妙理矣水裏排龍水裏得陽山上得陰山

上排龍山上得陽水裏得陰此謂之陽水陰山陰

水陽山也上文所謂陽山陽水者此也所謂山與

水相對者此也所謂江南江北主客東西亦卽此

也○孤陽不生獨陰不長此天地生成至當不易

之理也配合卽陽水陰山陰山陽水交互相生來

往皆春此眞配合也苟能如此自有天府登名之

應

都天大卦總陰陽觀水觀山有主張能知山情與水意

配合方可論陰陽

蔣氏曰急接上文都天大卦豈有他哉總不過陰陽
而已真陰真陽只在山水上看而觀山觀水須胸中
別自有主張此主張非泛泛主張乃乾坤真消息所
謂天心是也山情水意四字全經之竅妙今人孰不
曰山水有情意而不知世人所謂情意非真情意也
識此情意則是陰陽便成配合青囊萬卷盡在箇中
於戲至矣

〔直解〕主張即天心正運之主張山情水意是山水
各得其宜之情意所言配合非尋一個陽以配陰

尋一個陰以配陽也要山上排龍水裏排龍一九

二八三七四六玄空會合也或一六二七三八四

九山上水裏彼此生生動靜得宜雌雄配合此配

合即是山情水意元空之配合知此則青囊天玉之

機盡矣。

都天寶照無人得逢山踏路尋龍脉前頭走到五里山

遇著賓主相交接欲求富貴頃時來記取筍松眞妙訣。

蔣氏曰上文說到山情水意都天大卦之理盡矣此

節又贊嘆而言此都天寶照不輕傳世岩有人能得

以此觀山觀水。一到山情水意賓主相交之處用楊
公訣法扦之頃刻之間造化在手蓋一片熱腸深望
人之信從而發此嘆也

[直解] 上文所言情意是山上水裏用法得宜動靜
生生之情意此言賓主是相朝相顧氣止水交主
賓相得之賓主體用咸明再參古今名墓再考其
離合正其是非精益求精斯可窮其變矣

天有三奇地六儀天有九星地九宮十二地支天干十。
干屬陽分支屬陰時師專論這般訣誤盡閻浮世上人

辨正直解

郭天寶照堂

河入堂

辨正直解　卷之四

陰陽動靜如明得配合生生妙處尋

蔣氏曰前簡贊嘆已足終篇又引奇門以此論者蓋

奇門主地從維書來與地理大卦同出一原而時師

用錯所以不驗惟有大五行是奇門眞訣欲知此訣

只在陰陽一動一靜之間求其配合生生之妙則在

在有一陰陽非干是陽而支是陰如此板格而已蓋

動靜卽是山情水意卽是城門一訣卽是收山出煞

用一卦法所謂龍到頭者此也所謂龍身出脉者此

也所謂龍空氣不空者此也是名眞賓主是名眞夫

婦是名眞雌雄終篇又提出此三字與上篇第三章
動靜中間求一語首尾相應楊公之旨抑亦微之顯
矣夫

姜氏曰中篇一十三節、共一百四十六句、皆申明上
篇第三章以下未盡之義以終平洋龍穴之變。

直解 上數句言奇門之法世人用差所以不驗末
二句、論陰陽動靜配合生生之妙陰陽非以山爲
陰水爲陽又非以干爲陽支爲陰又非以四卦屬
陽四卦屬陰又非以左水到右爲陽右水到左爲

陰也動靜亦非以形為動以靜為靜也此所謂

動靜者即天主動以靜而生地主靜以動而

成如明得天地陰陽動靜生成之奧再細細壽其

生生配合之妙玄空之髓可造乎其極矣。靜即

地凡有形者皆靜為方為偶形象之謂也動者天

也曰空曰氣曰健無形之謂也動者運行于上無

一息之停萬物生生化化成形成象何莫不由天

之動而始也成形成象即是靜即是動以靜而生

靜以動而成也地惟靜其所以生萬物即是動動

者皆天始之也天不得地則無所以生地不得天
則無所以成乾統坤地承天惟動故能統惟靜故
能承也配合生生是言山上排龍水裏排龍陰陽
動靜山上水裏有彼此生生來往皆春之情意也

下篇

蔣氏曰上中二篇歷敘山龍平洋正變之旨自始至
終有本有末文雖斷續而義則相蒙下篇所言不過
前篇餘義而錯雜言之無有條貫每章各論一事文
無承接義無照應淺者極淺深者極深學者分別觀

卷之三　鄒天寶照經

可入堂

尋得眞龍龍虎飛。水城屈曲抱身歸前朝旗鼓馬相應。

下後離鄉著紫衣。

蔣氏曰此節專指山龍而言眞龍之穴龍虎分飛非

其病也眞龍行急龍虎之相隨亦急急則兩砂之末

乘勢逆回有似分飛昔人指爲曜氣正眞龍靈氣發

露之象也然情既向外則人事亦應之主子孫他方

發達謂之離鄉砂也、

[直解]此節言眞龍氣勢行急之象恐人誤認爲曜

之可也。

氣故特指之。

乙字水纏在穴前下砂收鎖穴天然當中九曲來朝穴
悠揚瀦蓄斗量錢兩畔朝歸穴後歇定然龍在水中蟠。
若有聲爲數錢水催官上馬御階前。
蔣氏曰、自此以下八節皆平洋水局形體吉凶之辨
空坐正穴也數錢水假借爲義俗而巧。

[直解] 此節專言平洋砂形水法之至美者也、
安墳最要看中陽寬抱明堂水聚囊出夾結成立字樣。

此節言曲水纏身之格歇在穴後正前篇所謂後龍

朝來鸞鳳舞呈祥外陽起眼人皆見乙字彎身玉帶長

更有內陽坐穴法神機出處覓仙方。

蔣氏曰、此言堂氣形局之美至于內陽坐穴法正前

篇所謂來龍正坐及城門一卦之訣也非神機仙術

烏足以語此

二九〇

直解中陽外陽內陽卽內堂外堂玉帶乙字等語
總論形局砂水之至美者也更有坐穴法句總承
上文龍空氣不空城門一卦之得與弗得而申言
之也○不拘內堂外堂水法總以止蓄團聚爲佳

水法團聚止蓄週迴自然相向有情

水直朝來最不祥一條直是一條鎗兩條名為插脇水。

三條云是三刑傷四水射來為四殺八水名為八殺殃

直來反去拖刀殺徒流客死少年亡時師只說下砂逆

禍來極速怎堪當塔圳路街如此樣丞宜遷改免災殃

蔣氏曰此節極言直來凶格益水神最忌木火以其

有殺氣無元氣也縱屬來朝亦有損無益況諸路交

馳漏風沖泄乎旺元猶可衰運無噍類矣、

此節專言直水之凶沖射者更商路街田塍。

衝射者亦忌有則改之以免災殃

前水來朝又擺頭淫邪凶惡不知羞乾流自是名繩索。

自縊因公敗可憂。

蔣氏曰此曲水凶格水神雖以曲為吉然曲處須節
節整齊乃合星格若擺頭斜去及如繩索樣或大或
小或疏或密或正或攲皆似吉而凶縱然發福必有
破敗

穴前水形似曲非曲似直非直者謂之擺頭
似是而非最易誤認故特指之水形如此不拘左

右前後二宅均忌

左邊水反長房死右邊水射小兒亡水直若然當面射

巾子離鄉死道傍東西南北水射腰房房橫死絕根苗

貪淫男女風聲惡曲背駝腰家寂寥

左邊水反長房死離鄉忤逆皆因此右邊水反小兒傷

風吹婦女隨人走當面水反中男當斷定二房有損傷

左右中反房房絕切忌墳塋遭此刼

蔣氏曰以上數節雖義淺而辭鄙然其應甚速以其

切于用也故存之惟公位之分不可盡拘耳。

[直解]天玉青囊都天寶照或言體或言用。或兼體

用而言千言萬語不外趨避兩字此兩節專指砂

形水法衝射反跳而言如諸般凶山惡水卽合用

法切不可因其合用而取之也。

一水裹頭名斷城下之雖發未爲榮見孫久後房房絕。

水到砂收反主興

蔣氏曰平洋穴取近水。三方皆可遍窄唯穴前明堂

須寬容不迫展舒穴氣若一水裹頭穴無餘氣雖環

抱亦不發若面前另有一枝水到則又以接水呈秀

其逼窄之氣有所發洩反不爲凶爾。

[直解] 形雖環抱狹而帶淺左右前後毫無潤狹生

動之意名曰斷城。又名裹頭裹頭之水穴前陽氣

不舒最易敗絕似吉非吉故特辨之

茶槽之水實堪憂莫作蔭龍一例求穴前太偏割唇腳。

不見榮兮反見愁、

蔣氏曰穴前池塘水聚天心名蔭龍水本爲吉局若

硬直深坑形似茶槽既非佳格或明堂寬曠猶未見

凶更加急葬穴氣太偏則有凶無吉矣同一穴前池

水形局軟硬立穴緩急其應不同不可不深辨也。

[直解]直硬深坑毫無動意謂之茶槽止蓄團聚照

穴有情謂之應龍茶槽宜遠遠則不割應龍宜近

近則得神切不可誤認而遠近錯用也

玄武擺頭有多般未可慳然執一端或斜或側或正出。

須覓直節對堂安擺頭直出是分龍須取何家龍脉蹤。

大山出脉分三訣未許專將一路窮

蔣氏曰玄武水來本合後空活龍之格宜為正坐之

穴矣然亦須詳其來法以辨純雜定吉凶未可執一

也蓋水有偏出正出不同惟直節對堂安乃是眞玄
武水若擺頭曲來而又直出前去一曲一直之間龍
脉不一是謂分龍不必分兩道而後謂之分龍也須
察其曲來是何脉直去是何脉細細推詳而后可定
其何家蹤跡以便下卦若是水大則不止一宮之氣
正坐是一脉偏左又是一脉偏右又是一脉故云分
三訣也論坐後之脉精詳曲當搜剔無遺乃至于此
可謂明察秋毫者耶

〔直解〕擺頭言水似曲非曲之狀玄武指穴後穴後

地理辨正直解

郛天寶照經

可久堂

二九七

之水。或曲或直或向或背。情狀不一。難於盡舉只

要與穴前一般排算故曰對堂安也

家家墳宅後高懸太陽不照太陰偏必主其家多寂寞。

男孤女寡寶堪憐、

蔣氏曰此即後空之義因世人都喜後高故復可嚀

如此人但知後高爲有坐托不知其掩蔽陽光而偏

照陰氣生機斬絕人口伶仃故有孤寡之應也可不

戒與子觀人家穴後有挑築兩三重照山以補後托

未有不大損人丁甚至敗絕無後者利害攸關特爲

指出此節單言平洋格法若是山龍之穴又以後高

為太陽正照而吉後空為太陽失陷而凶讀者莫錯

會也。

姜氏曰以上九節首節言山龍後八節言平洋皆形

局也。

直解 要在未立向以前必先按其山向排其五行。

當空則空當實則實所謂龍空氣不空龍實氣不

實卽此意也高一寸為山低一寸為水高者當作

山用低者宜作水論倘上山下水顛倒悞用則有

寞天之患矣。○大凡山龍平崗及墩泡高阜以地

氣爲主者穴後宜高水龍平洋及一切湖蕩圩邊

凡以水氣爲主者穴後宜空切不可拘定後空爲

是後高爲非只要後空得後空之用法後高得後

高之用法總要隨地適宜高低各得不必拘拘於

後空後實也

貪武輔弼巨門龍方可登山細認蹤水去山朝皆有地

不離五吉在其中

蔣氏曰此節及下文九星皆指形局而言盖見其星

體合吉方登山而定其方位若形局方位皆吉則水

去亦吉今人動云第一莫下去水地謬矣

[直解]此節專辨峯巒形局五星九星正體變體形

象之吉凶山形氣勢星體巒頭既吉方登山細認

乃尋龍之要訣便而捷且省登山涉水之勞矣所

云五吉是兼貪兼輔之五吉謂形局都合再查水

之去處果合補救出殺之妙用則來亦吉去亦吉

矣、

破祿廉文凶惡龍。世人墳宅莫相逢若然誤作陰陽宅

縱有奇峯到底凶。

蔣氏曰、此二節專言平洋九星水法。

[直解] 此四龍形象之最惡者山龍平洋俱忌倘然

懼作縱有奇峯不能爲福也。水法九星曲者爲

水直者爲木方正者爲土環抱者爲金直而尖者

爲火總而言之抱繞止蓄向穴有情者爲吉反背

無情者爲凶如破軍祿存廉貞文曲諸般星體不

論山龍平洋二宅均忌

本山來龍立本向返吟伏吟禍難當自縊離鄉蛇虎害。

作賊充軍上法場·明得三星五吉向轉禍爲祥大吉昌

蔣氏曰本山本向非子龍子向丑龍丑向倒騎龍之

謂也盖指八卦納甲而言山龍有納甲本卦向法皆

淨陰淨陽其在平洋向法反不拘淨陰淨陽而以本

卦納甲干支位位作返吟伏吟凶不可當三星與五

吉不同·三星言龍體五吉言卦氣消詳龍體卦氣之

中卽有天然向法可不犯本宮而災變爲祥矣·

[直解]本山本向者本元之旺氣到山也本本元之旺

氣到山卽是反吟伏吟三星謂金水土三星五吉·

謂天元取輔人地兼貪之五吉果得三星五吉卽
能轉禍為祥矣細按前後兩個向字反吟伏吟由
向而起五吉亦由向而起由此觀之地之吉凶其
權在向也明矣其權在五吉也更明矣荀曉五吉
三星之妙理山水分用之要訣方知在山謂本山
在水卽為十道用得為三吉用失卽是反吟在水
謂三吉在山便是本山數語當細細揣之自得五
吉三星補救直達之妙用矣
龍眞穴正誤立向陰陽差錯悔吝生幾為奔走赴朝廷

纏到朝廷帝怒形緣師不曉龍何向墳頭下了剝官星。

蔣氏曰此言龍穴雖眞而誤立本宮之向陰陽不和

至于剝官也蓋地理雖以龍穴爲重發與不發專由

龍穴而立向坐宮又穴中迎神引氣之主宰此處不

清潔如玉之瑕不成美器矣致廣大而盡精微又何

可不詳審也耶此所謂向非以山向五行起長生爲

消納也亦非小立空生出尅出生入尅入之說學者

愼之。

姜氏曰以上四節皆言平洋理氣之用、

都天寶照經

可久堂

如逢雜亂便參商。

若是陽差與陰錯縱吉星辰發不長一節吉龍一代發

仲山須要仲山接干奇支耦細推詳節節照定何脉艮。

尋龍過氣尋三節父母宗枝要分別孟山須要孟山連。

用官星受尅之剝官也

官旺之剝官所謂剝官者正是上山下水顚倒誤。

伏吟之故也非俗註所謂壬向之剝官又非流破

有剝官之患此剝官卽上節所言本山本向反吟

[直解]龍旣眞穴旣的。誤立本宮陰陽差錯之向。自

蔣氏曰、此等卦理中上二篇論之已詳反覆叮嚀致

其深切之意又指明發福世代久暫之應全在龍脉

節數長短故父母宗支要分別也

直解三節即格龍三節不亂之意父母宗枝是來

龍來脉過峽起頂之宗枝分別過峽起頂屬何卦

之宗枝則知來龍來脉之合不合矣孟山仲山即

子字出脉子字尋之意看准何干來脉何干入首

細細從來龍來脉上看到立穴處干與支體與用

一絲不亂方謂之艮如有一毫差錯則吉中有凶

郫天寶照經

可入堂

不成美器矣可不加意細察乎是節辨純雜定吉

凶看節數定久暫乃方位理氣之最要者也故又

叮嚀之耳

先識龍脉認祖宗峯腰鶴膝是眞蹤要知吉地行龍止。

平洋大水收小水不用砂關發福久水口石似人物形

兩水相交夾一龍夫婦同行脉路明須認劉郎別處尋

定出擎天調鼎臣

蔣氏曰此節兼論山龍平洋言山龍眞脉則取蜂腰

鶴膝爲過峽而平洋則不然只取兩水相交爲來龍

行脉不在過峽上看脉也但須脉上推求識干支純

雜夫婦配合之理如此宮不合又當別求一宮不可

牽強誤下故云劉郎別處尋且山龍取砂爲關而平

洋不用砂關只要大水行龍收入小水結穴有此小

水引動龍神干流萬派其精液皆注歸小水以蔭穴

氣此平洋下穴秘旨一語道破混沌之竅鑿矣觀此

則知所謂兩水相交非謂左右兩水會穴前而龍從

中出謂之行龍也正謂大水與小水相交之處乃眞

龍之行眞穴之止也既有此小水收盡源頭又何用

砂水之爲我用與否豈砂之攔阻能強之者耶人且

不可強而況于水若水口捍門此山龍大地雄峙一

方之勢蓋將山比擬楊公秘慎之旨互文隱意雖若

並陳、大旨偏重平洋而以山龍相映發以辨其不同

途爾貴學者言外會心若不知剖析而視爲一合之

說將雜亂而無緒矣。

直解　束細者爲蜂腰。收而罗放者爲鶴膝。此皆象

形也。衆水去處爲水口。又爲去口。凡有眞結水口

必有大石當衆水之衝關攔水口。其石如琴劍印

尺龜蛇牛馬之形者定出擎天調鼎之臣。如蘇郡之范墳，水中有靈石俗呼曰魁星石。又宜興忠烈盧公之祖墳，水口有大石一塊廣潤數丈形方如印正當眾水之口忠烈亦是明季一代之人物正是擎天之應驗也。

龍若直來不帶關支兼干出是福山立得吉向無差誤。

催祿催官指日間。

蔣氏曰此亦上下二篇所已詳蓋以四正為例而其餘自在言外非位位取地支也。

【直解】此節言山水二龍形雖帶直只要不帶欹斜

反跳僵直死硬種種關殺用得安妥亦能發福不

可因其形直而棄之也。

見孫列土更分茅仲山過脉不帶關三節山水同到前

乾坤艮巽脉過四節節同行不混淆向對甲庚壬丙水。

斷定三代出官貴古人準驗無虛言。

蔣氏曰此則單言四隅龍格反取干神並不言及辰

戌丑未則其非專重地支可知矣脉是內氣而向對

之水是外氣兩不相妨也楊公辨龍審卦之妙日日

說重地支而本旨實非重地支也人被他瞞過多矣

豈知一隻眼逗漏于此節學者其毋忽哉

[直解]上節言直來不帶關殺則易此節言屈曲而

求其不雜則難果能去來屈曲節節整齊夫婦同

行不偏不倚一絲不亂更兼山水純一體用一氣

自有列土分茅之貴矣過脈節數等語總言世代

久暫之應驗也

發龍多向支神取若是干神又不同支若載干爲夫婦

千若帶支是鬼龍子癸爲吉壬子凶三字眞假在其中

乾坤艮巽天然穴。水來當面是眞龍要識眞龍結眞穴。

只在龍脉兩三節。三節不亂是眞龍有穴定然奇妙絕。

千金難買此立文福綠遇者毋輕洩依圖立向不差分。

榮華富貴無休歇時師不明勉強扞雖發不久卽敗絕。

蔣氏曰發龍多取支神此乃用支之卦也干神不日

無取而乃曰若是干神又不同明明有用干之時而

特與用支者不同爾干帶支爲鬼龍只就子癸壬子

一宮爲例其眞其假三字之中迥然差別何以乾坤

艮巽獨名天然穴蓋直以乾坤艮巽爲龍不更轉尋

名相故曰天然若他龍則干支卦位非一名矣水來
當面是眞龍此語石破天驚鬼當夜哭益乾坤艮巽
之穴又與取支惡干者不同觀此則寳照之訣寳非
單重支神洞然明白矣至於格龍之法止要兩三節
不差錯則卦氣已全不必更多求于四五節之外恐
人拘泥太過遇著好龍當面錯過所以發此非楊公
遷就之說也但此兩三節定要清純若到頭節數畧
有勉強不能無誤又戒作者須其難其愼也

[直解]四正之龍支神爲主四隅之龍干神爲主正

都天寳照經

可人室

地理辨正卷之五

杜陵蔣平階大鴻氏著　門人

錫山無心道人　重校

臨安于鴻儀

會稽姜　垚　較正

平砂玉尺辨偽總論

地理多偽書平砂玉尺者偽之尤者也或曰是書也以

世目視之儼然經也子獨辨其偽何居曰惟世皆以為

經也余用是不能無辨今之術家守之為金科玉律如

蕭何之定漢法苟出乎此不得為地理之正道術士非

俗人惜弊
二二指出

此不克行主家非此不敢信父以教其子師以傳其弟

果能識此即可以自號于人曰堪輿家延之上坐樂人

身家禍福之柄而不讓拜人酒食金帛之賜而無慚是

以當世江湖之客寶此書為衣食之利器礬農之耒耜

工之斧斤其于謀生之策可操劵而得也有朝開卷而

成誦暮挾南車以行術者矣豈知其足以禍世如是之

酷哉如其禍世而不辨余其無人心者哉或曰是書之

來也遠矣子又安知其為偽也乃從而辨之曰我亦辨

之以理而已矣或曰此亦一理也彼亦一理也安知其

之理是、而彼之理非欺曰余邀惠于先之賢哲而授余

以黃石青烏楊公幕講之秘要竊自謂于地理之道將

之眞而見之確矣故于古今以來所謂地理之書無所

不畢覽凡書之合于秘要者爲眞不合秘要者爲偽而

此書不合之尤者也既得先賢之秘要又嘗近自三吳

兩浙遠之齊魯豫章八閩之墟縱觀近代名家墓宅以

及先世帝王聖賢陵墓古蹟考其離合正其是非凡理

之取驗者爲眞無所取驗者爲偽而此書不驗之尤者

也故敢斷其偽也蓋以黃石青烏楊公幕講斷之以名

平沙玉尺辨偽

可久堂

家墓宅先世古蹟斷之、非余敢以私見臆斷之也、或曰、

然則秉忠之讓伯溫之註非與曰此其所以為偽也去

地理者也、裁成天地之道輔相天地之宜以經邦定國剛

福斯民者也、三代以上明君哲相無不知之、世道下衰、

其說隱秘而寄之乎山澤之癯逃名避世之士智者得

之嘗以輔翼興王扶持景運而其說之至者不敢顯然

以告世也、文成公之事明太祖其最著者矣、及其没也、

盡舉生平所用天文地理數學之書進之內府從無片

言隻字存于家而教其子孫況肯著書立說以傳當世

二

凡有地理書
都託名管郭
楊頓四大名
家幸古如斯
謂之奈何惟
讀者察其真
偽可也

耶、故凡世本之稱青田者皆偽也、均之佐命之英知青

田、則知秉忠矣或曰何是書之文辭非非乎若有可觀

者也、曰其辭近是其理則非蓋亦世之通人而不知地

理者以意爲之而傅會其說託之乎二公者也、余特指

其謬而二一辨之、將以救天下之溺于其說者

辨順水行龍

山龍之脉與平壤龍脉皆因水以驗其脉之動靜而皆

不卽水以限其脉之去來今先言山龍夫山剛質也水

柔質也山之孔竅而水出焉故兩山之間必有一水山

長白盛京□外一切及、北泰山行中山是、東□山關中、北安河□徐湖、順天雄建、此皆由中、安慶郡淮南、安郡即江南、雲南貴州天華、川湖南貴州四、福建浙南、諸□山即九江西、而其黃每即國、國東枝擺有至山南、□□枝即是江每□、分之幹之與枝即河約長幹諸、江之幹□□前大是毛、浙之幹即發枝即、河之幹之□是、漁南□江分、□之□肵

窟下之處、即水流行之道、水隨山而行、非山隨水而行

也、山之高者、脉所從起、山之卑者、脉所從止、山自高而

卑、故水亦從之、自高而卑、此一定之理也、往往大溪大

澗之傍、小幹龍所憩焉、大江大河之側、大幹龍所休焉、

蓋來山之衆支聚乎此、故來水之衆派亦聚乎此也然

據水之順逆論脉之行止、但可就其大槩而言爾、若必

謂水于此界脉、即于此斷、水向左流、脉必不向右行、則

不可也、夫龍脉之起伏轉摺千變而不窮、有從小江小

湖崩洪而過者矣、有從大江大河越數十百里不知其

踪跡端倪而過者矣、有收本身元辰小水逆行數里而
結者矣、有向大幹水逆奔數百里而結者矣、龍之真者、
水愈斷而其過脈愈奇勢愈逆而其骨力愈壯豈一水
之橫流可過之使斷率之使前乎今玉尺云順水直衝、
而逆回結穴方知體段之真若逆水直衝而合襟在後
斷是虛花之地衆水趨歸東北而坤申之氣施生羣流
來向震辰而乾亥之龍毓秀甲卯成胎不食酉辛之氣、
午丁生意豈乘坎癸之靈據此而言是天下必無逆水
之龍也豈其然哉或曰子所言者山龍也玉尺所言平

壞也故其言曰乾源曠野鋪氈細認交襟極隴平坡月

角詳看住結山龍有脉可據故有逆水之穴平壤無脉

可尋止就流神之去來認氣之行止豈與山之過峽起

伏同年而語乎于生平專分山水二龍以正告天下何

又執此論也解之曰平壤固純以流神辨氣與山之脉

峽不同至以水之來去爲氣之行止則我不取我以爲

酉辛水到則甲卯之胎愈眞癸坎流來則午丁之靈益

顯坤申生氣衆水必無東北之趨乾亥成龍羣流必無

巽辰之向由此而言玉尺不但于山龍特行特結之妙

茫然未知且于平壤雌雄交媾之機大相背謬至其統
論三大幹龍而以為北幹乃崑崙之丑艮出脉而龍皆
坤中南幹乃崑崙之巽辰出脉而龍皆乾亥中條乃崑
崙之寅甲卯乙出脉而龍皆庚酉辛註者遂實其辭曰、
北幹無離巽艮震穴中幹無震巽艮穴建康止有南離
臨安止有坤兑八閩止有坤申固哉玉尺之言龍也夫
舉天下之大勢大抵自兑之震自乾之巽自坤之艮者、
地勢之從高而不然也至于龍之剝換傳變豈拘一方
真脉性喜逆行大地每多朝祖若執此書順水直衝之

說遇上格大地反以為不合理氣而棄之而專取傾瀉

奔流蕩然無氣之地誤認為真結而葬之其貽害于人

為有限量余故不得已而可哞反覆以辨之也

辨貴陰賤陽

易曰立天之道曰陰與陽惟此二氣體無不具用無不

包是二者不可偏廢故曰孤陽不生獨陰不長是二者

未嘗相離故曰陽根于陰陰根于陽舍陽而言陰者非

陰也舍陰而言陽者非陽也聖人作易必扶陽抑陰者

何也曰道一而已故曰乾分而為二而名之曰坤以兩

儀之對待者言曰陰陽以一元之渾然者言惟陽而已

言陽而陰在其中矣而就人事言則陽為君子陰為小

人內君子外小人為泰內小人外君子為否由此言之

陽與陰不可分也苟其分之則貴陽賤陰如聖人之作

易可也若貴陰賤陽是背乎聖人作易之旨而亂天地

之正道也玉尺乃以艮巽震兌四卦為陰之旺相而貴

之以乾坤坎離四卦為陽之孤虛而賤之即以納甲八

干十二支丙納于艮辛納于巽庚納于震而亥卯未從

之丁納于兌而已酉丑從之十者皆謂之陰而貴以甲

納乾以乙納坤以癸納坎而子申辰從之以壬納離而

午寅戌從之、十者皆謂之陽而賤于是當世之言地理

者、不論地之真偽若何凡見陰龍陰水陰向則槩謂之

吉而見陽龍陽水陽向則槩謂之凶此乖謬之甚者也、

夫吉凶之理莫著于易易六十四卦各有其吉各有其

凶八卦六十四卦之父母也豈有四卦純吉四卦純凶

之理八干十二支亦然吾謂論地止論其是地非地不

當論其屬何卦體屬何干支若果龍真穴的水神環抱

坐向得宜雖陽亦吉也若龍非真來穴非真結砂飛水

背坐向偏斜雖陰亦凶也、又拘所謂三吉六秀而以為
出于天星考之天官家言紫微垣在中國之壬亥方、而
太微垣在丙午方天市垣在寅艮方且周天二十八宿、
分布十二宮皆能為福皆能為災地之二十四干支上
應列宿亦猶是也何以在此為吉在彼為凶此與天星
之理全乎不合至謂乾坤為老亢辰戌為魁罡丑未為
暗金殺種種悖理夫乾坤乃諸卦之父母六子皆其所
產何得為凶老嫩之辨在于龍龍之出身嫩即乾坤亦
嫩也龍之出身老卽巽辛兌丁亦老也斗之戴匡為魁

斗柄所指爲天罡此樞幹四時斟酌元氣造化之大柄
也、理數家以爲天罡所指衆煞潛形何吉如之而反以
爲凶耶五行皆天地之經緯何獨忌四金且庚酉辛金
之最堅剛者也既不害其爲吉而獨忌四隅之暗金甚
無謂矣諸如此類管郭楊賴從無明文不知妄作流毒
天下始作俑者其無後乎我不禁臨文而三歎也

辨龍五行所屬

盈天地間止有八卦先天之位曰乾坤定位山澤通氣
風雷相薄水火不相射八卦總之陰陽而已山陽澤陰

雷陽風陰火陽水陰皆兩儀對待之象對待之中化機

出焉所謂玄牝之門是爲天地根一陰一陽之謂道八

卦者天地之體五行者天地之用當其爲體之時未可

以用言也故坎雖爲水此先天之水不可以有形之水

言也離雖爲火此先天之火不可以有形之火言也故

艮爲山而不可以土言也兌爲澤而不可以金言也震

巽爲風雷而不可以木言也故以八卦屬五行而論龍

之所屬者皆非也若論後天方位八卦而以坎位北而

爲水以離位南而爲火以震位東而爲木以兌位西而

為金似矣四隅皆土也又何以巽木乾金不隨四季而

隨春秋耶此八卦五行之一謬也及論二十四龍則又

造為三合之說復傳音輔俗會之以雙山更屬支離牽
作附非

強而全無憑據夫既以東南西北為四正五行則已丙

丁皆從離而為火亥壬癸皆從坎而為水寅甲乙皆從

震而為木申庚辛皆從兌而為金辰戌丑未皆從四隅

而為土猶之可也今又以子合辰申而為水并其鄰之

坤壬乙亦化為水以午合寅戌而為火并其鄰之艮丙

辛亦化為火以卯合亥未而為木并其鄰之乾甲丁亦

化為木以酉合巳丑而為金并其鄰之巽庚癸亦化為

金論八卦則卦爻錯亂論四令則方位顛倒此三合雙

山之再謬也所謂多岐亡羊朝令夕改自相矛盾不特

悖于理義而亦不通于辭說者矣又以龍脉之左旋右

旋而分五行之陰陽曰亥龍自甲卯乙丑艮寅壬子癸

方來者為陽木龍亥龍自未坤申庚酉辛戌乾方來者

為陰木龍其餘無不皆然謬之謬者也又以龍之所屬

而起長生沐浴冠帶臨官帝旺衰病死墓絕胎養又以

龍順逆之陰陽分起長生曰陽木屬甲長生在亥旺于

卯墓于未陰木屬乙長生在午旺于寅墓于戌其餘無

不皆然舉世若狂以爲定理眞可哀痛夫五行者陰陽

二氣之精華散于萬象周流六虛盈天地之內無處不

有五行之氣無物不具五行之體今以龍而言則直者

爲木圓者爲金曲者爲水銳者爲火方者爲土又窮五

行之變體而曰貪狼木巨門土祿存土文曲水廉貞火

武曲金破軍金左輔土右弼金五行之變盡矣此楊曾

諸先覺明目張膽以告後人者也夫此九星五行者或

爲起祖之星或爲傳變之星或爲結穴之星或爲夾從

輔佐之星或兼二或兼三或兼四甚而五星傳變則地

大不可名言此以見五行者變化之物未有單取一行

不變以為用者也今不于龍體求五行之變化而但執

方位論五行之名字是使天地之生機不變不化取其

一盡廢其四矣又從方位之左右旋分五行之陰陽是

使一氣之流行左支右絀得其半并未全其一矣試以

物產言之隨地皆生五材若曰南方火地無大水北方

水地不火食西方金地不產各材東方木地不產瓦金

有是理乎試以禀性言之盡人皆其五德若曰東方之

人皆無義西方之人皆無仁、北方之人皆無禮、南方之
人皆無智有是理乎且獨不觀四時之流行乎春氣一
噓而萬物皆生不特東南生而西北無不盡生秋氣一
肅而萬物皆落不特西北落而東南無不盡落是生殺
之氣不可以方隅限也、又不觀五材之利用乎棟梁之
木遇斧斤而成材入冶之金須煆煉而成器大塊非木
耜不能耕耘清泉非爨燎不能飲食道家者流神而明
之故有水火交媾金木合并之義以爲大丹作用即大
易既濟歸妹之象也故曰識得五行顛倒顛便是大羅

仙相生者何嘗生相尅者何嘗尅乎今玉尺曰癸壬來、

自兌庚乃作體全之象坎水迎歸寅卯名爲領氣之神、

金臨火位自焚厥屍木入金鄉依稀絕命火龍畏見兌

庚遇北辰而自廢東震愁逢火尅見西兌而傷魂是山

川有至美之精英而以方位廢之也且五行之論生旺

墓而亦限之以方位其說起于何人若以天運言則陽

升則萬物皆生陰升則萬物皆死無此生彼死此死彼

生之分也若以地脉言有氣則在在皆生無氣則在在

皆死無此生彼墓此旺彼衰之界也今龍必欲自生趣

旺自旺朝生、水必來于生旺去于囚謝、砂之高下亦如
之皆因誤認來龍之五行所屬于是紛紛不根之論咸
從此而起也更有謂龍之生旺墓若不合別有立向消
納之法或以坐山起五行、或以向上論五行、不知山龍
平壤皆有一定之穴生成之向豈容拘牽字義以意推
移、朝向論五行固為乖謬坐山論五行亦未為得也玉
尺又兩可其說曰可合雙山作用法聯珠之妙、宜從卦
例、推求尊納甲之宗又何其鼠首兩端從無定見卽我
願世之學地理者山龍止看結體之五星平壤止看水

城之五星此乃五行之真者苟精其義雖以步武楊賴

亦自不難至于方位五行不特小玄空生尅出入宗廟

洪範雙山三合斷不可信即正五行八卦五行亦不可

拘此關一破則正見漸開邪說盡息地理之道始有入

門噗乎我安得盡洗世人之肺腸而曉然告之以玄空

大卦天元九氣之真訣使黃石青囊之秘昭昭乎若揭

日月而行也哉

一、辨四大水口

夫四大水口有至理存焉楊公書中未嘗發露惟希夷

先生闢關水法倡明八卦之理、而四大水口之義寓于

其中、此乃黃石公三字青囊所固有楊公特秘而不宣、

即希夷猶引而不發也、今人不知天元八卦之妙用、妄

以凡庸淺見測之遂以為辰戌丑未為五行墓庫之方、

輒以三合雙山傅會之曰乙丙穴而趨戌辛壬會而聚

辰、斗牛納丁庚之氣金羊收癸甲之靈嗚呼謬矣以三

合五行起長生墓庫之非即龍上五行左旋為陽右旋

為陰、而同歸一庫穿鑿不通之論前篇皆已辨之獨此

四大水口原屬卦氣之妙用青囊之正訣而亦為此輩

牽合錯解、以偽亂真、余每開卷至此、不勝扼腕、故又特

舉而言之、夫圖南先生八大局、皆從洛書八卦中來、一

卦有一卦之水口、舉四隅之卦而言、則有四、若兼四正

之卦而言、其實有八、然括其要旨、卽一水口而諸卦之

理已具、學者苟明乎此、山河大地布滿黃金矣、特以天

心所秘、非人勿傳、故不敢筆之于書、聊因俗本微露一

端、任有夙慧者、死心自悟、若以為陽艮龍丙火交于乙

墓于戌、陰亥龍乙木交于丙、亦墓于戌、以為天根月窟

雌雄交媾、立竅相通、種種癡人說夢、總因慣認諸家五

行不知卦氣之理以訛傳訛盲修瞎煉吾徧觀古來帝
王陵寢以及公卿名墓何嘗有合此四語者若用此四
語擇得合格之地總與地理真機無涉其為敗絕亦猶
是也所謂勞而無功聞余言者不識能惕然有勤于中
否、

　　辨陰陽交媾

天地之道不過一陰陽交媾而已天地有一大交媾萬
物各有一交媾變變化化施之無窮論其微妙莫可端
倪而實有其端倪故曰立牝之門是為天地根地理之

道若確見雌雄交媾之處則千卷青囊皆可付之祖龍矣。斯理甚秘而實在眼前若一指明觸目可觀然斷不從五行生旺墓上討消息也玉尺乃曰有乙辛丁癸之婦配甲庚丙壬之夫又曰陰遇陽而非其類號曰陽差陽見陰而非其耦名曰陰錯仍取必于乙丙之墓戌辛壬之墓辰丁庚之墓丑癸甲之墓未此真三家村學究之見也夫陰陽之交媾自然而然不由勉強亦活潑潑地不拘一方豈可以方位板格死煞排算乎創以天地之交媾者言天氣一降地氣一升而雨澤斯沛矣子能

預定天地之交于何方合于何日乎更以男女之交媾
者言陽精外施陰血內抱而胎元斯孕矣子能預擬胎
孕之何法而成何時而結乎知天地男女之不可以矯
揉造作則知地理之所謂天根月窟亦猶是矣此惟楊
公都天寶照言之鑒鑒不齊金針暗度余因辨玉尺之
謬而偶泄于此具神識者精思而冥悟之或有鬼神之
告也。

辨砂水吉凶

今之地理家分龍穴砂水爲四事或云龍雖好穴不好。

或云龍穴雖好砂水不好何異癡人說夢古之眞知地
理者只有尋龍定穴之法無尋砂尋水之法正以雖有
四者之名而其實一而已矣穴者龍之所結水者龍之
所源砂者龍之所衛故有是龍則有是穴有是穴則有
是砂水未有龍穴不眞而砂水合格者也亦未有龍眞
穴的而砂水不稱者也玉尺反曰龍穴之善惡從水猶
女人之貴賤從夫穴雖凶而水吉尚集諸祥是以本爲
末以末爲本顚倒甚矣且其所謂吉凶者只取四生三
合雙山五行論去來之吉凶而以來從生旺去從墓絕

者爲吉反此者爲凶既屬可笑又以砂水之在淨陰方
位者爲吉在淨陽方位者爲凶尤爲拘泥夫水之吉凶
只辨天元衰旺之氣砂者借賓伴主只要朝拱環抱其
形尖員平正秀麗端莊皆爲吉曜若斜飛反去破碎醜
拙則爲凶殺或題之曰文筆曰誥軸曰御屏曰玉几曰
龍樓曰鳳閣曰仙橋曰旗幟曰堆甲屯兵曰烟花粉黛
諸般名色皆以象取之類應之而不可拘執亦須所穴
者果是眞龍胎息精靈翕聚而后一堂臚列皆其珍膳
爾假如一山數塚同見貴砂而一塚獨發其餘皆否豈

非貴之與賤在龍穴而不關于砂乎況四神八國並起

星峯皆堪獻秀何必淨陰之位則吉淨陽之位則凶龍

穴無貴陰賤陽之分砂水又豈有貴陰賤陽之分耶其

離恐驚囙祿印星當日馬必遭蓍疾乾成爲鼓盆之殺

云文筆在坤申爲詞訟旌旗見子午爲刦賊高峯出南

坤流爲寡宿之星寅甲水瘋疾纏身乙辰水投河自縊

又云未離胎而天折多因冲破胎神繞出世而身亡蓋

爲擊傷生烝四敗傷生雖有子而母明父暗旺神投浴

恐居官而淫亂可羞諸如此類不可枚舉立辭愈巧其

理愈虛、一謬百謬難以悉辨總其大旨曰廢五行衰旺
之說破陰陽貴賤之名可以論龍穴卽可以論砂水矣
我于是書取其四語曰日本主與隆殺曜變爲文曜龍身
微賤牙刀化作屠刀此則沙中之金石中之玉也采菉
采菲無以下體故特舉而存之

　　辨八煞黃泉祿馬水法

水法中有祿上御街馬上御街其說鄙俚不經而最能
使俗人艷慕又有黃泉八煞二種禁忌使人堊而畏之
若探湯焉我以爲其說皆妄也夫祿馬貴人起例見于

六壬在易課中已屬借用與地理祿命皆無干涉世人
學術無本一見干支便加祿馬推命家用之地理家亦
用之東邪西借以張之子孫繼李之宗祖血脈不通鬼
神不亭此在楊曾以前從不見于經傳後之俗子妄加
添設不辨自明夫地理之正傳止以星體為巒頭卦爻
為理氣舍此二者一切說立說妙且無所用之況其鄙
俗之甚者乎其所稱馬貴者亦有之矣曰貴人曰天馬
此皆取星峯而為名不在方位也水之御街亦以形論
非以方言至于八煞黃泉尤無根據全然揑造更與借

用者不同。夫天地一元之氣周流六虛。八卦方位。先天
後天互為根源。環相交合相濟為用。得其氣運則皆生。
違其氣運則皆死。但當推求卦氣之興衰以為趨避耳。
從無此卦忌見彼卦。此爻忌見彼爻之理。若失氣運則
巽見辛。艮見丙。兌見丁。坤見乙。坎見癸。離見壬。震見庚。
乾見甲。本宮納甲正配。尚足以興妖發禍。若得氣運雖
坎龍坤兔震猴巽雞乾馬兌蛇艮虎離豬。而卦氣無傷。
諸祥自致。我謂推求理氣者。須知有氣運隨時之真殺。
實無卦爻配合之煞曜。今真煞之刻期刻應。剝膚切骨

者不知避而拘拘忌八曜之假殺亦可悲矣黃泉卽四

大水口而强增名色者也故又曰四箇黃泉能殺人辰

戌丑未爲破軍四箇黃泉能救人辰戌丑未爲巨門故

又文飾其名曰救貧黃泉夫既重九星大玄空水法則

不當又論黃泉矣何其自相矛盾一至于此或亦高人

心知其誣而慮無以解世人之惑故別立名色巧爲寬

譬耶未可知也其實則單論三吉水可矣不必論黃泉

也且黃泉所忌于彼所言淨陰淨陽三合生旺墓水法

皆不盡合若論陰陽則乙忌巽是矣而丙則同爲純陰

平砂玉尺辨僞

山解　　第

庚丁忌坤申癸忌艮辛忌乾是矣而壬則同爲純陽何

以亦忌此于淨陰淨陽自相矛盾也若論三合五行則

乙水向見巽丁木向見坤辛火向見乾癸金向見艮同

爲墓絕方忌之是矣丙火向見巽庚金向見坤壬水向

見乾甲木向見艮皆臨官方也何以亦忌此于三合雙

山自相矛盾也我即彼之謬者而以証其謬中之謬雖

有蘇張之舌亦無辭以復我矣玉尺遂飾其說曰八殺

黃泉雖云惡曜若在生方例難同斷此真掩耳盜鈴之

術既云惡曜矣又焉得云生方矣既云生方矣又焉得稱

惡曜孰知惡曜固不真而生方亦皆假也或者又爲之

辭曰黃泉忌水去而不忌來或又曰忌水來而不忌去

。總屬支離茫無一實我謂運氣乘旺雖黃泉而但見其

福運氣當衰雖非黃泉而立見其禍苟知其要不辨自

明而我偲偲然論之不置者以世人迷惑已久如墮深

坑無力自脫多方曉譬庶以云救也嗚呼當世亦有見

余此心者耶。

辨分房公位

夫葬者所以安親魄也親魄安則眾子皆安親魄不安

。

則衆子皆不安今之世家巨族往往累年不葬甚至遲
之又久終無葬期一則惑于以擇地爲難再則惑于拘
分房之說一子之家猶可子孫愈多爭執愈甚遂有挾
私見以隄防用權謀以自便者矣有時得一吉地惑于
旁人之言以爲不利于己而阻之者阻之不已竟葬凶
地同歸于盡亦可哀哉原其故皆地理書公位之說爲
之禍根使人滅倫理喪良心無所不極其至也豈知葬
地如樹木根荄得氣則衆枝皆榮根荄先撥則衆枝皆
萎亦有一枝榮一枝萎者外物傷殘之耳葬親者但論

其地之吉凶斷不可執房分之私見吾觀歷來名宗巨

室往往共一祖地各分均發者甚多亦有獨發一房或

獨絕一房者此有天焉不可以人之智巧爭也或問曰

然則公位之說全謬與又何以有獨發獨絕者耶曰是

固有之而非世人之所知也其說在易曰震爲長男坎

爲中男艮爲少男巽爲長女離爲中女兌爲少女孟仲

季之分房由此而起也然其中有通變之機非屬此卦

即應此子應此女之謂也玉尺乃云胎養生沐屬長子

冠臨旺衰屬仲子病死墓絕屬季子即就彼之言以折

之生則諸子皆生矣旺則諸子皆旺矣死絕則諸子皆

死絕矣何爲以此屬長以此屬仲以此屬季曰亦以其

漸耳折之曰以爲始于胎養繼而之旺既而死絕似亦

若有四子以往則又當如何耶其轉而歸于生旺耶抑

另設何名以應之耶此不足據之甚者也世人愼勿惑

于其說也。

總論後

蔣子作玉尺辨僞既成或問曰子是書訛謬辨之則

既詳矣子謂吉凶之理存乎地而非方位之所得而限

起然則八千四維十二支舉無有吉凶之當論乎曰何

為其然也我正謂八千四維十二支皆分屬乎卦氣夫

卦氣吉凶之有辨蓋灼灼矣而特非淨陽淨陰雙山三

合生旺墓之云云也乃若青囊正理方位之辨實有之

其秘者不敢宣泄姑就玉尺之文以檗舉之玉尺所畏

者曰乙辰曰寅甲而以青囊言之乙之與辰寅之與甲

相去不啻千萬里也有時此吉而彼凶有時此凶而彼

吉者矣所最美者曰巽巳丙而以青囊言之巽巳之與

丙相去亦不啻千萬里也有時此吉而彼凶有時此凶

而彼吉者矣所最欲分別而不使之混者曰丙午丁曰
乾亥曰甲卯乙曰辰巽曰丑艮寅而以青囊言之午之
與丙丁亥之與乾卯之與甲乙巽之與辰丑寅之與艮
所爭不過尺寸之間而已有時而吉則必與之俱吉有
時而凶則必與之俱凶矣今乃于其當辨而不可不辨
者如黃精之與勾吻附子之與烏頭一誤用之而足以
入口傷生者反置之不辨于其易辨而可以不辨者如
白粱之與黑秬異色而皆可以養人菫之與鴆異類而
皆可以殺人者屑屑焉悉舉而辨之彼自以爲智而乃

天下之大愚也且生旺死絕之說青囊未嘗不重之故
葬書曰葬者乘生氣也卦氣之所謂生非三合五行之
所謂生卦氣之所謂旺非三合五行之所謂旺卦氣之
所謂死絕非三合五行之所謂死絕且地氣之大生旺
不知趨而區區誤認一干一支之假生旺而求迎之地
氣之大死絕不知避而區區誤認一干一支之假死絕
而思避之悲夫所謂催以一葉障目而謂彌者之不我
見也以此爲已適以害已以此爲人適以害人而已故
夫玉尺之于地理猶鄭聲之于雅樂楊墨之于仁義一

是一非勢不兩立實有關于世道之盛衰天地之氣數。

竊聞嘉靖以前其書尚未大顯至萬歷時有徐之鏌者

為之增釋圖局而梓行之于是江湖行術之徒莫不手

握一編以求食于世至今日而惑于其說者且徧天下

也悖陰陽之正干天地之和與傲擾五行怠棄三正者

同其禍患有聖人者出而誅非聖之書于陰陽一家必

此書為之首嗚呼此書不破世運何由出而息水火生民

何由而躋仁壽哉我扢目望之矣。

平砂玉尺辨偽總括歌　　會稽姜垚汝皐撰

萬卷堪輿總失真平砂玉尺最堪嗔二劉名姓憑伊冐

豈有當年手澤存開國伯溫成佐命嘗將妙訣定乾坤

晚年一簣青囊秘盡作天家石室珍天寶不容人漏泄

忍將隱禍中兒孫片言雙字無罪影肯借他人齒頰名

秉忠亦是元勳列敢冐嫌疑著此經世上江湖行乞者

只貪膚淺好施行戶誦家傳如至寶與災釀禍害生民

幸遇我師垂憫救苦心辨駁著斯文竊恐愚夫迷不悟

括成俚句好歌吟願君細察歌中意莫任宗陽一片心

天下山山多順水此是行龍之大體眞龍發足不隨他

定是轉關星特起特起之龍變化多渡水逆行不計里。

玉尺開章說順龍順水直衝爲大旨水來甲卯兌不收。

水來丁午坎不取必要隨流到合襟直瀉直奔名漏髓。

全無眞息陰龍胎山穴平陽皆失軌勸君莫聽此胡言。

悞向順流探脉理八方位位有眞龍爻象干支總一同。

山脉陰陽分兩界此是天然造化工陽脉出身陽到底。

陰脉出身陰爲宗從無僞落豈有貴賤分雌雄。

若是眞胎成骨相乾坤辰戌也崢嶸若是空亡無氣脉。

巽辛亥艮盡招凶品水評砂原一例三吉六秀有何功。

勸君莫聽此胡言旺相孤虛理不通五行相生與相尅

此是後天粗糲質山川妙氣本先天生不須生尅非尅

木行金地反成材火入水鄉眞配匹南離爐冶出眞金

陰陽妙處全須逆原說五行顛顛倒倒庸庸之輩何能識

先天理氣在卦爻生旺休囚此中出量山步水總一般

立向收砂非二格安有長生及官旺全無墓庫與死絕

卦若旺時路路通卦若衰時路路塞有人識得卦與衰

眼前盡是黃金陌納甲本是卦中立用他配合皆非的

堪笑三合及雙山立空生出并尅出更有祿馬及赦文

咸池黃泉八曜煞庸奴只把掌心輪誤盡天涯聰慧客。

勸君莫聽此胡言五行更覓真消息雌雄交媾大陰陽。

月窟天根卦內藏此是乾坤造化本會時便號法中王。

楊公說箇團團轉一左一右兩分張明明指出夫和婦。

有箇單時便是雙二十四山雙雙起八卦之中定短長。

豈料庸奴多錯解干支字上去商量誤起長生分兩局。

會同墓庫到其鄉未曾曉得真交媾那裏懷胎喚父孃。

我卽汝言來教汝陰陽指氣不指方甲庚丙壬是陽位。

有時占陰不喚陽乙辛丁癸是陰位有時占陽卽喚陽。

陰陽亦在干支上不用排來死煞方眼前夫婦不識得

卻將寡婦守空房勸君莫聽此胡言玄竅相通別主張

四大水口歸其位此是卦之真匹配如何說到墓庫方

左旋右旋來傳附字俗誤會四水四卦逐元輪一元一卦乘

旺氣周流八卦逐時新會者楊公再出世今將墓合作

歸源失運失元迎煞氣勸君莫聽此胡言陽差陰錯非

斯義公位亦自卦中來長少中男各有胎不論干支并

龍脉如何亦取三合推胎養生沐乃云長仲子冠臨及

旺衰少子病死并墓絕若然多子作何排世人信此爭

房分。停喪不葬冷為灰。更起陰謀相賊害傷倫蔑理召

天災陷人不孝并不睦此卷偽書作禍胎我願今人只

求地得地安親大本培親安眾子皆蒙慶休把分房去

亂猜試看閻閭諸名墓一祖枝枝產眾材分房蓋為分

陽宅莫論偏苛到夜臺平砂一卷何人作注解翻翻尤

醜惡添圖添局死規模強把山川牢束縛從謙失卻布

衣宗之鎮直是追魂鑑嘉隆以上無此書萬歷中年方

撲朔從此家家無好墳迄今徧地成蕭索焉得將書付

祖龍免使蒼生遭毒藥

終

占筮類

編號	書名	作者	說明
1	擲地金聲搜精秘訣	心一堂編	沈氏研易樓藏稀見易占
2	卜易拆字秘傳百日通	心一堂編	秘鈔本
3	易占陽宅六十四卦秘斷	心一堂編	火珠林占陽宅風水秘鈔本

星命類

編號	書名	作者	說明
4	斗數宣微	[民國]王裁珊	民初最重要斗數著述之一；未刪改本
5	斗數觀測錄	[民國]王裁珊	失傳民初斗數重要著作
6	《地星會源》《斗數綱要》合刊	[民國]王裁珊	失傳的第三種飛星斗數
7	《斗數秘鈔》《紫微斗數之捷徑》合刊	心一堂編	珍稀「紫微斗數」舊鈔秘本
8	斗數演例	心一堂編	斗數全書本來面目；有別於錯誤極多的坊本
9	紫微斗數全書（清初刻原本）	[宋]陳希夷	無錯漏原版 秘鈔密碼表 首次公開！
10—12	鐵板神數（清刻足本）——附秘鈔密碼表	[宋]邵雍	蠢子數連密碼表 打破數百年秘傳 首次公開！
13—15	蠢子數纏度	[宋]邵雍	附手鈔密碼表 皇極數另一版本；研究神數必讀！
16—19	皇極數	[宋]邵雍	清鈔孤本附起例及完整密碼表 研究神數必讀！
20—21	邵夫子先天神數	[宋]邵雍	附手鈔密碼表 研究神數必讀！
22	八刻分經定數（密碼表）	題[宋]邵雍	子平命理必讀教科書！
23	新命理探原	[民國]袁樹珊	民初二大命理家南袁北韋
24—25	《袁氏命譜》	[民國]袁樹珊	北韋之命理經典
26	韋氏命學講義	[民國]韋千里	命理經典未刪改足本
27	千里命稿	[民國]韋千里	
28	精選命理約言	[民國]韋千里	
29	滴天髓闡微——附李雨田命理初學捷徑	[民國]袁樹珊、李雨田	民初命理經典最淺白易懂
30	段氏白話命學綱要	[民國]段方	易懂
31	命理用神精華	[民國]王心田	學命理者之寶鏡

心一堂術數古籍珍本叢刊　第一輯書目

編號	書名	作者	說明
32	命學探驪集	[民國]張巢雲	
33	澹園命談	[民國]高澹園	
34	算命一讀通——鴻福齊天	[民國]不空居士、覺先居士合纂	稀見民初子平命理著作
35	子平玄理	[民國]施惕君	
36	星命風水秘傳百日通	心一堂編	源自元代算命術
37	命理大四字金前定	題【晉】鬼谷子王詡	稀見清代批命斷語及活套
38	命理斷語義理源深	心一堂編	失傳四百年《張果星宗》姊妹篇 千多星盤命例 研究命學必備
相術類			
39－40	文武星案	【明】陸位	
41	新相人學講義	[民國]楊叔和	失傳民初白話文相術書
42	手相學淺說	[民國]黃龍	民初中西結合手相學經典
43	大清相法	心一堂編	
44	相法易知	心一堂編	重現失傳經典相書
45	相法秘傳百日通	心一堂編	
堪輿類			
46	靈城精義箋	[清]沈竹礽	
47	地理辨正抉要	[清]沈竹礽	
48	《玄空古義四種通釋》《地理疑義答問》合刊	沈瓞民	沈氏玄空遺珍
49	《沈氏玄空吹虀室雜存》《玄空捷訣》合刊	[民國]申聽禪	玄空風水必讀
50	漢鏡齋堪輿小識	[民國]查國珍、沈瓞民	
51	堪輿一覽	[清]孫竹田	失傳已久的無常派玄空經典
52	章仲山挨星秘訣(修定版)	[清]章仲山	章仲山無常派玄空珍秘 門內秘本首次公開
53	臨穴指南	[清]章仲山	
54	章仲山宅案附無常派玄空秘要	心一堂編	沈竹礽等大師尋覓一生未得之珍本!
55	地理辨正補	[清]朱小鶴	玄空六派蘇州派代表作
56	陽宅覺元氏新書	[清]元祝垚	簡易·有效·神驗之玄空陽宅法
57	地學鐵骨秘 附 吳師青藏命理大易數	[民國]吳師青	釋玄空廣東派地學之秘 空湘楚派經典本來
58－61	四秘全書十二種(清刻原本)	[清]尹一勺	面目有別於錯誤極多的坊本

編號	書名	作者	提要
62	地理辨正補註 附 元空秘旨 天元五歌 玄空精髓 心法秘訣等數種合刊	[民國]胡仲言	貫通易理、巒頭、三元、三合、天星、中醫
63	地理辨正自解	[清]李思白	公開玄空家「分率尺、工部尺、量天尺」之秘
64	許氏地理辨正釋義	[民國]許錦灝	民國易學名家黃元炳力薦
65	地理辨正天玉經內傳要訣圖解	[清]程懷榮	秘訣一語道破，圖文并茂，深入
66	謝氏地理書	[民國]謝復	玄空體用兼備，深入
67	論山水元運易理斷驗、三元氣運說附紫白訣等五種合刊	[宋]吳景鸞等	失傳古本《玄空秘旨》《紫白訣》
68	星卦奧義圖訣	[清]施安仁	與今天流行飛星法不同
69	三元地學秘傳	[清]何文源	公開秘密 過去均為必須守秘不能
70	三元玄空挨星四十八局圖說	心一堂編	鈔孤本 [清]
71	三元挨星秘訣仙傳	心一堂編	三元玄空門內秘笈 清
72	三元地理正傳	心一堂編	
73	三元天心正運	心一堂編	
74	三元紫白陽宅秘旨	心一堂編	
75	玄空挨星秘圖 附 堪輿指迷	心一堂編	
76	姚氏地理辨正圖說 附 地理九星并挨星真訣全圖 秘傳河圖精義等數種合刊	[清]姚文田等	
77	元空法鑑批點本 附 法鑑口授訣要、秘傳玄空三鑑奧義匯鈔 合刊	[清]曾懷玉等	門內秘鈔本首次公開
78	元空法鑑心法	[清]曾懷玉等	蓮池心法 玄空六法
79	曾懷玉增批蔣徒傳天玉經補註【新修訂版原（彩）色本】	[清]項木林、曾懷玉	
80	地理學新義	[民國]俞仁宇撰	
81	地理辨正揭隱（足本）附連城派秘鈔口訣	[民國]王邈達	
82	趙連城傳地理秘訣附雪庵和尚字字金	[明]趙連城	揭開連城派風水之秘
83	趙連城秘傳楊公地理真訣	[明]趙連城	
84	地理法門全書	仗溪子、芝罘子	深入淺出，內容簡核
85	地理方外別傳	[清]熙齋上人	巒頭形勢、「望氣」「鑑神」
86	地理輯要	[清]余鵬	集地理經典之精要
87	地理秘珍	[清]錫九氏	巒頭、三合天星，圖文並茂
88	《羅經舉要》附《附三合天機秘訣》	[清]賈長吉	清鈔孤本羅經、三合訣 法圖解
89-90	嚴陵張九儀增釋地理琢玉斧巒	[清]張九儀	清初三合風水名家張九儀經典清刻原本！

編號	書名	作者	說明
91	地學形勢摘要	心一堂編	形家秘鈔珍本
92	《平洋地理入門》《巒頭圖解》合刊	【清】盧崇台	平洋水法、形家秘本
93	《鑒水極玄經》《秘授水法》合刊	【唐】司馬頭陀、【清】鮑湘襟	千古之秘，不可妄傳匪人
94	平洋地理闡秘	心一堂編	雲間三元平洋形法秘鈔珍本
95	地經圖說	【清】余九皋	形勢理氣、精繪圖文
96	司馬頭陀地鉗	【唐】司馬頭陀	流傳極稀《地鉗》
97	欽天監地理醒世切要辨論	【清】欽天監	公開清代皇室御用風水真本
三式類			
98－99	大六壬尋源二種	【清】張純照	六壬入門、占課指南
100	六壬教科六壬鑰	【民國】蔣問天	由淺入深，首尾悉備
101	壬課總訣	心一堂編	六壬術秘鈔本
102	六壬秘斷	心一堂編	過去術家不外傳的珍稀六壬術秘鈔本
103	大六壬類闡	心一堂編	
104	六壬秘笈——韋千里占卜講義	【民國】韋千里	六壬入門必備
105	壬學述古	【民國】曹仁麟	依法占之，「無不神驗」
106	奇門揭要	心一堂編	集「法奇門」、「術奇門」精要
107	奇門行軍要略	【清】劉文瀾	條理清晰、簡明易用
108	奇門大宗直旨	劉毗	
109	奇門三奇干支神應	馮繼明	天下孤本　首次公開
110	奇門仙機	題【漢】張子房	虛白廬藏本《秘藏遁甲天機》
111	奇門心法秘纂	題【漢】韓信(淮陰侯)	奇門不傳之秘　應驗如神
112	奇門廬中闡秘	題【三國】諸葛武侯註	神
選擇類			
113－114	儀度六壬選日要訣	【清】張九儀	清初三合風水名家張九儀擇日秘傳
115	天元選擇辨正	【清】一園主人	釋蔣大鴻天元選擇法
其他類			
116	述卜筮星相學	【民國】袁樹珊	民初二大命理家南袁北韋之衡數經典
117－120	中國歷代卜人傳	【民國】袁樹珊	南袁之衡數經典